教育部中外语言合作交流中心"电力丝路学院教学资源库建设项目"配套教材

全国电力行业"十四五"规划教材

U0642957

电力汉语

CHINESE IN ELECTRIC POWER

主　编：杨建华　秦小夏

副主编：杨　静　陈　珂　王　铮　刘　莎

参　编：郭　卫　孙　帅　雷　莱　马　雁
　　　　皮薇薇　梁东义　赵　转

中国电力出版社
CHINA ELECTRIC POWER PRESS

内 容 提 要

随着"一带一路"倡议提出，中国进一步加快和深化职业教育国际化发展，积极探索职业教育"走出去"，参与全球教育治理。电力行业在职业教育对外交流与合作中有着良好传统，进入新时代，电力职业教育国际化发展面临新的形式和任务。

本书具有明确的针对性，根本目的是服务于电力技术类职业院校的境外输出教育及电力、能源类留学生专业和中文学习。教材以常识性、科普性的电力基础知识为主要内容，融合汉语学习常规知识点，结合中国文化，在课文主题、内容、词汇和语法项目的选择、课后练习及专业知识拓展安排上进行科学合理的布局。辅助专业课程的学习，为后续开展专业课程学习打下良好汉语基础。

图书在版编目（CIP）数据

电力汉语／杨建华，秦小夏主编．—北京：中国电力出版社，2023.11
ISBN 978-7-5198-7774-3

Ⅰ.①电…　Ⅱ.①杨…②秦…　Ⅲ.①电力工业—汉语—对外汉语教学—教材　Ⅳ.① H195.4

中国国家版本馆 CIP 数据核字（2023）第 088217 号

出版发行：中国电力出版社
地　　址：北京市东城区北京站西街19号（邮政编码100005）
网　　址：http://www.cepp.sgcc.com.cn
责任编辑：张　旻（010-63412536）　马雪倩
责任校对：黄　蓓　常燕昆
装帧设计：赵姗姗
责任印制：吴　迪

印　　刷：固安县铭成印刷有限公司
版　　次：2023年11月第一版
印　　次：2023年11月北京第一次印刷
开　　本：787毫米×1092毫米　16开本
印　　张：11.25
字　　数：179千字
定　　价：85.00元

前 言

　　《电力汉语》教材是教育部中外语言交流合作中心"电力丝路学院教学资源库建设"项目的成果之一，与本书配套的还有同步练习册（纸质/电子）、教师手册（纸质/电子），与教材内容对应的有视频、音频、课件等诸多数字化教学资源。

　　教材共15课，体例和表现形式对应于国际中文教育中级中文水平左右的学习难度，结合能源电力类专业课程设置，以专业知识点为主题进行记叙或说明，语言表述较为规范、得体的基础知识读本。在留学生或境外学生学习过程中，通过安排适当课时的《电力汉语》教学，帮助其掌握电力类专业汉语的词汇、句子和专业基础概念，在汉语环境下建立专业技术、相关仪器仪表、设备及工具的概念，学习电力技术基本应用的同时了解中国电力发展历史、现状及相关文化知识，实现"电力专业知识＋汉语专业知识＋中国文化"融为一体的教学。辅助专业课程的学习，为后续开展专业课程打下汉语基础。《电力汉语》教材内容力求科学性、知识性和实用性，由浅入深，循序渐进，为学生继续学习汉语和能源电力类专业打下良好基础，提高学生国际视野和跨文化沟通能力。

　　《电力汉语》是具有专业性和针对性的汉语国际教育综合教材。可用于电力类行业职业院校的境外输出教育及电力、能源类留学生专业和汉语学习者学习；也适用于国内具备师资力量，有能力提供在线公开课程的电力高校及电力职业技术类院校教学使用；还可供海外教育主管部门、大学、职业类院校、高中、企业、商会、协会等机构参考。

　　本教材在编写过程中，对郑州电力高等专科学校电力工程学院、能源与动力工程学院的大力支持表示感谢；同时也感谢伊朗阿拉梅·塔巴塔巴伊大学汉语系萨拉（Sara Almasieh）老师提供的日常汉语教学实践及本地汉语课程体系建设反馈、泰国 Acting Sub LtJunyarpabu 老师提供的职业教育教学实践反馈及教学总结、巴基斯阿坦 Muhammad Salman Fakhar 先生提供的职业教育教学应用反馈。

本教材在撰写过程中参阅了大量相关主题的教材、书报、图片和网上资料，在此对相关作者表示衷心的感谢。

感谢教育部中外语言交流合作中心、郑州电力高等专科学校各相关部门和出版社给予的大力支持。本教材在电力行业职业教育的汉语国际教学方面做出了大胆尝试和探索，不足之处，敬请批评指正。

编者

2023 年 2 月

目录

LESSON 1

第1课
电力系统与电力网

💡 **想一想**

1. 你知道什么是电力系统吗？

2. 你知道什么是一次能源吗？

3. 你知道什么是电力网吗？

📖 **做一做**

选择对应的图片。

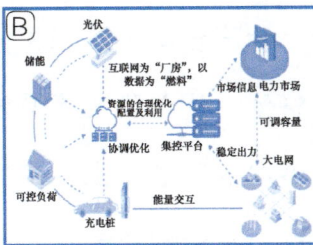

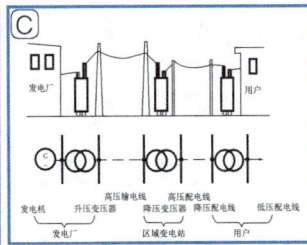

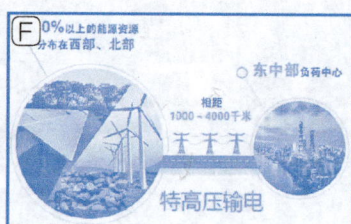

①电力系统_____　②充电桩_____　③电线塔_____

④虚拟电厂_____　⑤配电箱_____　⑥特高压输电_____

📖 课　文

电力系统是由发电、变电、输电、配电和用电等环节组成的电能生产与消费系统。它的功能是将自然界的一次能源通过发电动力装置转化成电能，再经输电、变电和配电将电能供应到各用户。

电力系统的主体结构有电源（火电厂、水电站、核电站等发电厂）、变电站、输电线路、配电线路和负荷中心。各电源点还互相联接以实现不同地区之间的电能交换和调节，从而提高供电的安全性和经济性。

由于电源点与负荷中心多数处于不同地区，电能无法大量储存，因此其生产、输送、分配和消费都必须在同一时间内完成，并在同一地域内有机地组成一个整体，使电能生产与消费时刻保持平衡。电力系统要实现其功能，需要在不同层次上依不同要求配置各类自动控制装置与通信系统，组成信息与控制子系统。它成为实现电力系统信息传递的神经网络，使电力系统具有可观测性与可控性，从而保证电能生产与消费过程的正常进行以及事故状态下的紧急处理，确保用户获得安全、经济、优质(yōu zhì)的电能。

　　输配电线路与变配电站构成(gòu chéng)的网络通常被称为电力网络，用以变换电压和输送、分配电能。也就是说在电力系统中将发电机和用电设备去掉，剩余(shèng yú)的部分称为电力网，简称(jiǎn chēng)电网。电网可将不同地区、不同类型的电站（厂）相互联结并列供电，也可将集中的电能按用户要求分散(fēn sàn)到各地，以充分发挥(fā huī)各类电站（厂）的优点，提高设备利用率，减少备用容量，达到经济合理、安全可靠供电的目的。一个大的电力网（联合电力网）是由许多子电力网发展、互联而成，一般电力网可划分为输电网、配电网。

　　输电是指将发电厂发出的电能通过变压器升压后经高压输电线路输送到消费电能的地区，从而让相距很远的（可达数千公里）发电厂

高压输电线路

和负荷中心联系起来；或在相邻电网之间进行电力互送，使其形成互联电网或统一电网，从而使电能的开发和利用超越^{chāo yuè}地域限制，保持发电和用电之间的供需平衡。输电网由输电线路和变电设备构成。配电网是指从输电网或地区发电厂接受电能，通过配电设施就地分配或按电压逐级分配给各类用户的电力网。配电网是直接为我们生产生活提供电能的电网，它是大电网的"毛细血管"，它分布在城市的角角落落，与我们的生活关系密切^{mì qiè}。

生 词

1 系统（xì tǒng）

［名词］ 事物按一定关系组成的整体。（system）
新系统给工作带来了很多方便。

2 环节（huán jié）

［名词］ 相互关联的许多事物中的一个。（link；sector）
环保是我们工作中的薄弱环节。

3 供应（gōng yìng）

［动词］ 以物资或人力满足需要。（feed；supply）
中午，食堂供应饺子和炸酱面。

4 电源（diàn yuán）

［名词］ 把其他形式的能量转变为电能并可以对外供应的地方。（power supply；power source）
发电厂是电力网的电源。

5 无法（wú fǎ）

［动词］ 没有办法。（unable；no way；no means of；incapable）
我无法做出这道题。

6 储存（chǔ cún）

［动词］ 把东西存起来。（store）
节约时间胜过储存金银。

［名词］ 储存量。（storage；inventory）
仅这一国家就有二十亿元的食品储存。

7 保持（bǎo chí）

［动词］ 维持某种状态使不消失或减弱。（keep）
当遇到挫折和困难时，需要保持乐观健康的心态。

8 平衡（píng héng）

［名词］ 对立的各方在数量或作用上相等或相抵。（balance；equilibrium）
他们用力拉绳子以保持船帆的平衡。

9 配置（pèi zhì）

［动词］ 分配布置，把缺少的补足并且设置好。（to deploy；to allocate）
这种药水是由很多中草药配置而成的。

10 传递（chuán dì）

［动词］ 传达、递送。（transmit；deliver；transfer）
圣洁的奥运之火在世界各地不同肤色的人们手中互相传递。

11 优质（yōu zhì）

［形容词］ 好质量的；高质量的。（of high grade）
展销会上集中了全国各地的优质产品。

12 构成（gòu chéng）

［动词］ 凑成，组成；造成。（constitute；form；compose）
小桥、流水、人家，构成了一幅美丽的画面。

13 剩余（shèng yú）

［动词］ 从某个数量里减去一部分以后遗留下来。（surplus；remainder）
他把箱子捆紧后，再把剩余的绳子剪断。

14 简称（jiǎn chēng）

［动词］ 简略地称呼。（abbreviation）
"脱离生产"简称"脱产"。

15 分散（fēn sàn）

［动词］ 分在各处；不集中。（disperse；scatter；decentralize）
大学毕业后，同学们都分散在全国各地。

16 发挥（fā huī）

[动词] 把内在的性能、作用、力量尽量表现出来。（bring into play）
看图作文时，除了看懂图画的内容，还要充分发挥自己的想象力。

17 超越（chāo yuè）

[动词] 超出；逾越；胜过。（exceed；surmount；overstep）
奥运精神指引人们超越自我，健康快乐地生活。

18 密切（mì qiè）

[形容词] 关系接近。（close；intimate）
他们和我保持密切联系。

专业词汇

1 一次能源

一次能源又称天然能源，是指自然界中以原有形式存在的、未经加工转换的能量资源，如煤炭、石油、天然气、水能、风能等。

2 负荷中心

电能用户的用电设备在某一时刻向电力系统取用的电功率的总和，称为用电负荷，简称负荷。负荷中心是指电力系统中负荷相对集中的地区。

3 输电

输电是电能的传输，指将发电厂发出的电能通过变压器升压后经高压输电线路输送到消费电能的地区把相距甚远的发电厂和负荷中心联系起来，使电能的开发和利用超越地域的限制。

4 变电

变电是指电力系统中，通过一定设备将电压由低等级转变为高等级（升压）或由高等级转变为低等级（降压）的过程。

5 配电

配电是电力系统中直接与用户相连并向用户分配电能的环节。

1　电力系统是由发电、变电、输电、配电和用电等环节组成的电能生产与消费系统。

2　由于电源点与负荷中心多数处于不同地区，电能无法大量储存，因此其生产、输送、分配和消费都必须在同一时间内完成，并在同一地域内有机地组成一个整体，使电能生产与消费时刻保持平衡。

3　输配电线路与变配电站构成的网络通常被称为电力网络，用以变换电压和输送、分配电能。也就是说在电力系统中将发电机和用电设备去掉，剩余的部分称为电力网，简称电网。

学一学

语法项目	重点词语或结构	例句
固定短语	由……组成	由发电厂、电力网及电能用户所组成的发电、输电、变电、配电和用户的整体称为电力系统
		我们班由两位老师和二十位学生组成
		这篇文章由三个部分组成
因果连词	（由于）……，因此……	由于电源点与负荷中心多数处于不同地区，电能无法大量廉价储存，因此其生产、输送、分配和消费都必须在同一时间内完成
		由于他工作成绩显著，因此受到了领导的表扬
		它们属于幼虫阶段，因此它们吃树叶的速度很慢
解说复句	……，也就是说……	输配电线路与变配电站的网络通常被称为电力网络，用以变换电压和输送、分配电能，也就是说在电力系统中将发电机和用电设备去掉，剩余的部分称为电力网，简称电网
		他生病了，也就是说他不能参加会议了
		我是中国人，也就是说我会讲汉语

✐ 练 习

一、用课文中出现的词语填空。

1. 电力_____是由发电、变电、输电、配电和用电等_____组成的电能生产与
_____系统。它的功能是将自然界的_____通过发电动力装置转化成电能，再
经输电、变电和配电将电能_____到各用户。

2. 输配电线路与变配电站_____的网络通常被称为电力网络，用以变换电压和输
送、分配电能，也就是说在电力系统中将发电机和用电设备去掉，_____的部分
称为电力网，_____电网。

3. _____电源点与负荷中心多数处于不同地区，电能_____大量_____，
_____其生产、输送、分配和消费都必须在同一时间内完成，并在同一地域内有
机地组成一个整体，使电能生产与消费时刻保持_____。

二、根据拼音写出汉字。

diàn yuán   wú fǎ   bǎo chí   píng héng   pèi zhì

chuán dì   yōu zhì   fēn sàn   fā huī

三、补充句子。

1.电力系统的功能是_____，再_____。

2. 电力系统的_____有电源（火电厂、水电站、核电站等发电厂），变电站，
输电、配电线路和_____。

3. 一个大的电力网（联合电力网）是由许多_____发展、互联而成，一般电力
网可划分为_____、_____。

四、回答问题。

1.电力系统和电力网有什么区别?

2.中国的电力网有什么特点?

📰 # 拓展学习

知识补给站

特高压电网是指1000kV及以上交流电网或±800kV及以上直流电网。输电电压一般分高压、超高压和特高压。国际上,高压(HV)通常指35~220kV的电压;超高压(EHV)通常指330kV及以上、1000kV以下的电压;特高压(UHV)指1000kV及以上的电压。高压直流(HVDC)通常指±600kV及以下的直流输电电压,±800kV及以上的电压称为特高压直流输电(UHVDC)。中国能源资源和生产力布局的不均衡,迫切需要解决远距离输送电力能源问题。特高压输电技术的采用,有效提高了输送距离和输送容量,减少了输电损耗,降低了输电成本,实现了更大范围的资源优化配置。特高压电网因具有远距离、大容量、低损耗、占用土地少、输电能力强的特点,被称为"电力高速公路"。

拓展阅读

· 阅读 1

粤港澳大湾区电网升级

2022年5月，目前世界上容量最大、首次在电网负荷中心实现分区互联的柔性直流背靠背电网工程在粤港澳大湾区建成并启动投产。该工程将大幅^{dà fú}提升粤港澳大湾区电力供应保障能力。

粤港澳大湾区直流背靠背电网工程分别在广州增城、东莞沙田各新建了一座柔性直流换流站，将粤港澳大湾区电网一分为二，形成两个"背靠背"的独立智能电网。

两个电网"背靠背"，就像两个人互相"牵手"，平时"彼此支援"，遇到无法排除的故障^{gù zhàng}时"随时放手"，彼此^{bǐ cǐ zhī yuán}之间有"防火墙"，避免"火烧连营"^{huǒ shāo lián yíng}，一个小区域出现故障可以快速隔离^{gé lí}，可以将停电控制在小范围，能够避免大面积停电。不仅如此，智能分区后的大湾区电网运行的灵活性也将大幅增加，可以更大规模地吸收利用风电、光伏等新能源，2022年就能新增消纳^{xiāo nà}600万千瓦海上风电、西部水电等清洁能源。

粤港澳大湾区包括香港特别行政区、澳门特别行政区和广东省广州市、深圳市、珠海市、佛山市、惠州市、东莞市、中山市、江门市、肇庆市，总面积5.6万平方千米，是我国经济最活跃^{huó yuè}、电力负荷最密集的地区之一。庞大的电力负荷叠加^{dié jiā}众多^{zhòng duō}的西电东送通道，和大量的海上风电、分布式光伏等新能源，让粤港澳大湾区电网越建越大，越来越复杂，运行风险也与日俱增。新建的直流背靠背工程就相当于给粤港澳大湾区电网做了个复杂^{fù zá}的大手术^{shǒu shù}，解决的是如何为大湾区未来发展提供安全稳定电能的问题，增强大湾区电网的安全性，提升电力供应保障能力。

"十四五"期间，南方电网将投资超380亿元完善^{wán shàn}广东网架。大湾区外环将建成超2000千米的500千伏环形线路，使粤港澳大湾区供电能力提升80%，年均停电时间将少于30分钟。

广州小蛮腰电视塔

· 阅读 2

虚拟电厂来"削峰填谷"

众所周知，风、光等自然资源具有随机性、波动性、间歇性等特点，发电高峰与用电高峰存在错位，因此，破解"靠天吃饭"的难题，关键在于加快推进新型储能发展。加强虚拟电厂智能调控和商业模式的研究，推动虚拟电厂示范推广，搭建虚拟电厂接入电网标准体系，是推动储能发展的重要举措之一。虚拟电厂可通过动态调节实现电网的供需平衡，达到如同临时新建一座小型电厂的效果。

为打造省级粤港澳大湾区先行示范区，支持深圳、广州作为湾区核心城市，率先开展先行先试，虚拟电厂在广州"首试牛刀"。2021年8月的一天深夜，荔湾区龙溪村的家家户户空调开足马力，用电节节攀升，电网负荷一度告急。此时，广州电网通过虚拟电厂平台向公交充电公司发出首条直调指令，精准削减变电站负荷，瞬间降低近百台电动公交充电功率，调整公交充电计划时间，保障了居民们的空调用电。

随着电动公交的普及，大量车辆同时充电会给电网带来不小的负荷压力。它们既是用电的主体，也是储能的主体。一方面，可以通过灵活调节，变更它们的充电时间，为电网"减负"；另一方面，还可以通过经济手段，鼓励它们在高峰期放电，"反哺"电网，公交企业将获得相应的减免补贴。电网负荷就在这一增一减之间，实现了"削峰填谷"，电网的"柔性"更强。

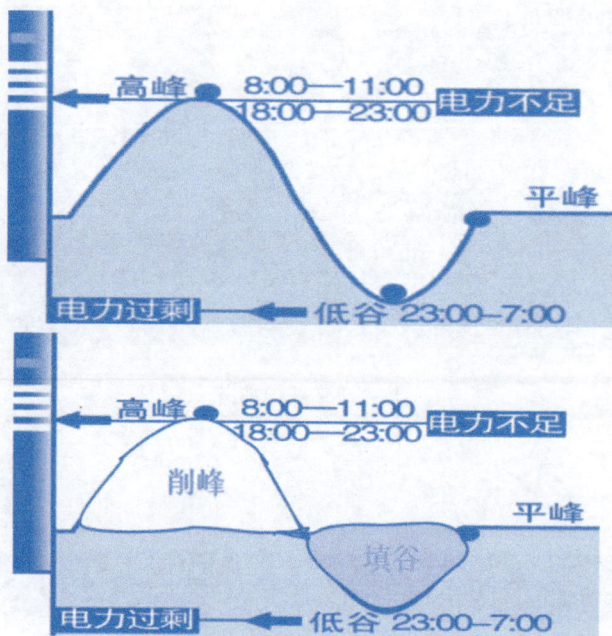

电力"削峰填谷"

有了第一个"吃螃蟹的人"，中国南方电网有限责任公司广州惠州惠城供电局于2021年11月，运用配电台区聚合调峰智能储能系统进行释放电量，转移线路供电负荷，制造线路负载"空窗期"，利用"空窗期"对高负载线路二次设备、消防系统、温控系统、照明系统进行巡视检查，及时发现和消除设备缺陷，保障城市电网稳定可靠运行。

粤港澳大湾区建设安全可靠、绿色高效现代化智能电网，给人们留下了深刻印象。"粤港澳"指的是广东省、香港特别行政区和澳门特别行政区。粤港澳大湾区不仅是一个经济概念，而且是一个文化概念。如果说，粤港澳大湾区建设，经济是血肉，制度是筋骨，那么，文化就是魂魄。粤港澳与珠三角九市文化同源，都属于岭南文化。岭南文化是今天的广东省、香港特别行政区、澳门特别行政区三地共同的"根"。而岭南文化中最为主要的是广东文化。

广东三大特色文化分别是广府文化、潮汕文化以及客家文化。

广府文化是粤语地区中的一个地域文化，是指广东珠三角广州府地区使用粤方言的汉族居民的文化。它形成于广州府地区，又流行于广东省、香港特别行政区、澳门特别行政区、广西省东南部以及海外粤语华人社区。广府文化的代表有"广东音乐""岭南古琴""粤菜""醒狮""广雕""岭南园林""粤剧"等。

潮汕文化是古中原文化的遗存，是在历代传承过程中不断发展而形成的汉文化。"工夫茶""潮州音乐""潮州筝""英歌舞"等被列入国家级的非遗名录达46项。潮汕人四处漂泊、善于经商，被称为"东方犹太人"，在世界各大领域都颇有

粤菜

作为。民间有这样一种说法："浙商扎根在中国，闽商称雄东南亚，潮商遍布全球"。潮汕人做生意时善于让利，从而获取下一次交易的机会。

客家是唯一一个不以地域命名的民系，是世界上分布范围广阔、影响深远的民系之一。在广东省，客家人几乎遍布全省，主要分布在粤东、粤北地区。客家文化有"古代汉文化活化石"的美誉，客家语言保留大量文言文字眼。有人说："哪里有阳光，哪里就有客家人；哪里有一片土地，客家人就在哪里聚族而居，艰苦创业，繁衍后代"。客家人精神的核心就是团结和奋进，客家人的围龙屋，是他们聚族而居，团结生存，抱团抗敌的有力象征。他们不畏任何艰难险阻，努力奋斗拼搏，坚韧顽强，勤劳勇敢，吃苦耐劳，把中华民族的精神实质体现得淋漓尽致。同时，客家人还拥有比较强烈的宗族观念，讲究追根溯源，认祖归宗，报效祖国。

第1课　视频　　　　第1课　听力

LESSON 2

第 2 课
常见发电厂种类

💡 **想一想**

1. 你知道什么是火电厂吗？

2. 火电厂所使用的燃料有哪些？

3. 除了火电厂外，你知道的电厂还有哪些？

📖 **做一做**

选择对应的图片。

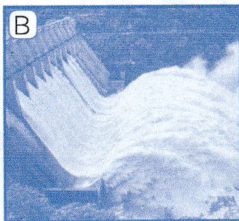

①水电厂 _____   ②火电厂 _____   ③核电厂 _____   ④风电厂 _____

已经被广泛利用的煤炭、石油、天然气、水能、核裂变能等能源，称为常规能源。利用常规能源发电的发电厂有火力发电厂、水力发电厂、核电厂。

利用固体、液体、气体燃料的化学能来生产电能的工厂称为火力发电厂，简称火电厂。中国和世界各国的火电厂所使用的燃料大多以煤炭为主，其他可以使用的燃料还有天然气、燃油以及工业和生活废料等。迄今为止，火电厂仍是许多国家电能生产的主要方式。

火电厂在将一次能源转换为电能的生产过程中要经过三次能量转换：首先是通过燃烧将燃料的化学能转变为热能，再经过原动机把热能转变为机械能，最后通过发电机将机械能转变为电能。对应的火电厂的三大主设备为锅炉、汽轮机、发电机。

水力发电厂是利用河流所蕴藏的水能资源生产电能的工厂，简称水电厂或水电站。核电厂（站）是利用核能发电的工厂，也称原子能

火力发电厂抽象图

发电厂。截至2021年底，中国清洁能源发电累计装机容量占电源总装机容量的比重约达百分之四十五。

生 词

1　广泛（guǎng fàn）

［形容词］（涉及的）范围广、面积大；普遍。（extensive；broad；wide；vast；common）

在我国，科学正被广泛地应用到生活中去。

2　利用（lì yòng）

［名词］利于发挥效用。（use；utilize；make use of）

我们要学会充分利用时间。

3　生产（shēng chǎn）

［动词］通过工具来创造各种生活和生产资料。（produce；yield；manufacture）

这是一家生产玩具的工厂。

4　大多（dà duō）

［副词］大部分，占很大比例。（for the most part；many；most；the greater part；mostly）

树上的柿子大多已经成熟。

5　以及（yǐ jí）

［形容词］表示并列关系，还……，和……，同……（together with；and；as well as；along with）

国家领导人以及有关方面负责人都会出席会议。

6　工业（gōng yè）

［名词］把自然资源或农产品、半成品等制造成生产或生活资料的生产事业。（industry）

这个地方变成了工业中心。

7 迄今为止（qì jīn wéi zhǐ）

[副词词组 成语] 迄：到。今：目前。指从古至今，是一个时段。目前为止，到现在为止。也可表达为至今为止。（so far; to date; until now; up to now）

迄今为止，世界上已有超过20个国家开展过此活动。

8 方式（fāng shì）

[名词] 方法和形式。（way; manner; style; mode; pattern）

老师和学生用了不同的方式解决了难题。

9 过程（guò chéng）

[名词] 事物发展或事情进行的经过。（process; course）

从猿进化到人，经历了一个漫长的过程。

10 能量（néng liàng）

[名词] 物质做功的能力。（energy）

核裂变过程中产生巨大的能量。

11 转换（zhuǎn huàn）

[名词] 从一种能量形式变成另一种能量形式。（transform）

这个实验充分展示了光电能量转换。

[动词] 改变、改换。

大家转换了话题。

12 转变（zhuǎn biàn）

[动词] 从一种形式、状态或特点变为另一种形式、状态或特点。（change）

经过这次打击，他的个性转变了许多。

13 对应（duì yìng）

[动词] 一个系统中某一项跟另一系统中某一项相当；相对的关系。（corresponding）

不同年龄段的人选择了与年龄相对应的问题。

14 蕴藏（yùn cáng）

[动词] 在内部蓄积。（hold in store）

这片土地中蕴藏着丰富的煤炭资源。

专业词汇

1　常规能源

常规能源也叫传统能源，是指已经大规模生产和广泛利用的能源，如煤炭、石油、天然气、水能和核裂变能等。与之相对的新能源是在新技术基础上系统地开发利用的能源，如太阳能、风能、海洋能、地热能等。

2　化学能

化学能是物体发生化学反应时所释放的能量，是一种很隐蔽的能量，它不能直接用来做功，只有在发生化学变化的时候才释放出来，变成热能或者其他形式的能量。

3　机械能

动能与势能的总和。

4　电能

电能是指使用电以各种形式做功的能力。电能是一种经济、实用、清洁且容易控制、传输和转换的能源形态。

句子

1　火电厂在将一次能源转换为电能的生产过程中要经过三次能量转换：首先是通过燃烧将燃料的化学能转变为热能，再经过原动机把热能转变为机械能，最后通过发电机将机械能转变为电能。

2　水力发电厂是利用河流所蕴藏的水能资源生产电能的工厂。

3　截至2021年底，中国清洁能源发电累计装机容量占电源总装机容量的比重约达百分之四十五。

学一学

学习课文中的表达范例

语法项目	重点词语或结构	例句
引出施事、受事	将、由	火电厂在将一次能源转换为电能的生产过程中要经过三次能量转换
		父母将他送到中国留学
		这道题由你来回答吧
承接复句	首先……，再（然后）……，（最后……）	首先是通过燃烧将燃料的化学能转变为热能，再经过原动机把热能转变为机械能，最后通过发电机将机械能转变为电能
		早晨起床后，我首先刷牙洗脸，然后吃早餐，最后出门去上学
		同学们首先读了一遍课文，然后认真地回答了黑板上的问题
百分数的表示法	百分之……	截至2021年底，中国清洁能源发电累计装机容量占电源总装机容量的比重约达百分之四十五
		天才就是百分之一的灵感加上百分之九十九的汗水
		哪怕只有百分之一的希望，我们也要付出百分之百的努力

练 习

一、用课文中出现的词语填空。

1.已经被_____ _____的煤炭、石油、天然气、水能、核裂变能等能源，称为_____。

2.中国和世界各国的火电厂所使用的燃料_____以煤炭为主，其他可以使用的燃料还有天然气、燃油_____ _____和生活废料等。

3._____，火电厂仍是世界上电能生产的主要_____。

二、根据拼音写出汉字。

lì yòng shēng chǎn qì jīn wéi zhǐ fāng shì

guò chéng néng liàng zhuǎn huàn duì yìng

三、补充句子。

1.利用_____的发电厂有火力发电厂、_____、核电站。

2.核电厂（站）是_____，也称原子能发电厂。

3.截至2021年底，中国清洁能源发电累计装机容量占电源总装机容量的比重_____。

四、回答问题。

1.迄今为止，你知道的电能生产的主要方式是什么？

2.火电厂在将一次能源转换为电能的生产过程中要经过哪几次能量转换？

拓展学习

知识补给站

电厂的装机容量，是指该厂所有实际安装发电机的额定容量的总和，以千瓦（kW）、兆瓦（MW）、吉瓦（GW）计。比如说，一个电厂如果有3台发电机组，一台是300兆瓦，两台是200兆瓦，则该电厂大的装机容量就是700兆瓦，也就是我们常说的装机容量70万千瓦。

拓展阅读

·阅读 1

中国的"碳达峰"和"碳中和"目标

2020年，中国提出了"双碳"目标——力争2030年前实现"碳达峰"，2060年前实现碳中和，那么，碳达峰、碳中和是什么意思，为什么要碳达峰、碳中和？怎样才能实现碳达峰、碳中和的目标呢？下面就为大家详细介绍一下。

碳达峰简单来说，就是二氧化碳达到峰值。中国承诺2030年前，二氧化碳的排放不再增长，达到峰值之后逐步降低。

碳中和是指企业、团体或个人测算在一定时间内直接或间接产生的温室气体

植树造林进行"碳中和"

排放总量，然后通过植物造树造林、节能减排等形式，抵消自身产生的二氧化碳排放量，实现二氧化碳"零排放"。简单来说，就是你产生了多少"碳"量，就要通过某些方式来削减或者消除这些"碳"量对环境的影响，实现自身"零排放"。碳中和的概念并不是近年才产生，实际可追溯至2006年，当年的《新牛津美国字典》将"碳中和"评为当年年度词汇。

那么，中国为什么要提出碳达峰、碳中和的目标？首先，气候变化变是人类面临的全球性问题，随着各国二氧化碳排放，温室气体猛增，对生命系统形成威胁。在这一背景下，世界各国以全球协约的方式减排温室气体，中国由此提出碳达峰、碳中和目标，这充分展现了中国积极应对全球气候变化、构建人类命运共同体的大国担当。其次要保证能源安全。中国作为"世界工厂"，产业链日渐完善，国产制造加工能力与日俱增，同时碳排放量加速攀升。但中国油气资源相对匮乏，发展低碳经济，对重塑能源体系具有重要安全意义。

中国承诺实现从碳达峰到碳中和的时间，远远短于发达国家所用时间，需要中方付出艰苦努力。面对艰巨的"双碳"任务，首先我们要在经济增长和能源需求增加的同时，持续削减煤炭发电、大力发展和运用风电、太阳能发电、水电、核电等非化石能源，实现清洁能源代替火力发电。其次加快产业低碳转型、促进服务业发展、强化节能管理、加强重点领域节能减排、优化能源消费结构、开展各领域低碳试点和行动。

· 阅读 2

"华龙一号"核电站

中国的"华龙一号"核电站究竟有多强？它不仅能抵御来自大型飞机的猛烈撞击，还能抵御引发日本福岛核事故震级的地震。

"华龙一号"为什么可以这么牛？总的来看，"华龙一号"能做到这一点还要归功于这座核电站的压力容器和安全壳等，它们在外部形成了一层又一层的安全屏障，使得这座核电站犹如被"金钟罩"保护了一般。这面"铜墙铁壁"的存在，能让核电站抵御住该地区最强级别的台风侵袭，抵御高达十级左右的强烈地震。除了这些破坏力极强的自然灾害可能带来的破坏外，工程师们还考虑到了可能出现的极端恐怖袭击的破坏。比如，发生在美国的"9·11"恐怖袭击事件，两架被劫持的客机直接撞向了纽约的两栋摩天大楼。因此，中国的工程师们引以为戒，为"华龙一号"核电站设计了一个双层的保护壳。内壳主要用于应对反应堆发生事故以后，放射性气体不会扩散到自然环境中，而外壳的重要作用在于抵御各种自然灾害以及大型飞机的撞击。"华龙一号"保护壳内外厚度分别达到了1.3米和1.8米，其钢筋采用了直径达40毫米的建造时世界上最高级别的钢筋，仅外安全套就用到了四层这样的钢筋。这样的设计使"华龙一号"钢筋的用量比普通核电站多了两倍。"华龙一号"最厉害之处还在于，出现事故的时候，这座智能的核电站会利用系统的力量，让反应堆维持在安全状态下，从而避免人为操作失误。

2020年11月，中国核工业集团有限公司福清核电站5号机组首次并网成功，"华龙一号"全球首堆的心脏开始跳动，环环相扣的保护措施使其成了当前世界上安全性能最高的核电技术之一。"华龙一号"是中国核电走向世界的"国家名片"，是中国核电创新发展的重大标志性成果。

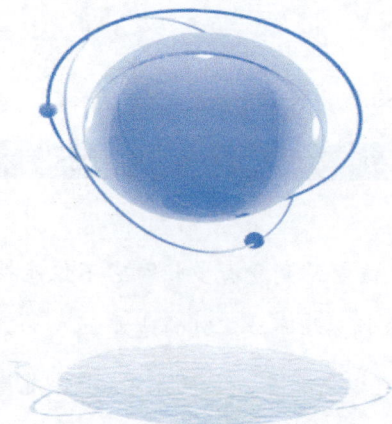

原子核模型

人间福地——福建

福清核电站拥有具有完全自主知识产权（zhī shí chǎnquán）和最高安全标准的核电机组。"闽在山中，闽在海中；背山而生，面海而兴"说的就是福清核电站的所在地——福建。福建，简称"闽"。全省土地总面积12.4万平方千米，海域面积达13.6万平方千米。自古闽族先民便"以海为田""以舟为车"。一方水土养一方人。福建，是人间福地。这里的人，总爱说"爱拼才会赢"，而他们，也确实拿"第一"拿到手软。

福建省是中国最"绿"的省份，其森林覆盖率连续40年位于全中国第一。福州市的福道是全国最长的空中森林步道，全线总长19千米，曾荣获2017年"国际建筑（jiàn zhù）大奖"，成为当年全国唯一入选建筑！

福建鼓浪屿美景

作为一个沿海省份，福建的山地丘陵占比却超过80%。绝佳的地理环境和 生态（shēng tài）环境让福建极其适宜（shì yí）茶树生长。中国六大茶类，有一半发源自福建。福建被称为"茶叶第一大省"。2020年，福建的茶叶总产量、茶园平均单产量、茶树良种普及率、茶叶出口额增速、茶叶全产业链（chǎn yè liàn）产值等都位列全国第一。

福建省创下多项历史文化第一。1300多年前，福建省泉州市泉州港便以"刺桐"的名字享誉世界（xiǎng yù shì jiè），是中国海上丝绸之路的起点，是宋元时期为"东方第一大港"，也是中国第一个"东亚文化之都"、全球第一个"世界多元文化展示中心"。福州"三坊七巷"是中国国内现存规模（guī mó）最大、保护最完整的历史文化街区，堪称中国第一历史文化街区，有"中国城市里坊制度活化石"和"中国明清建筑博物馆"的美称。2009年9月，"妈祖信俗"列入世界非物质文化遗产（fēi wù zhì wén huà yí chǎn），成为中国首个信俗类世界遗产。

除此之外，福建省还是中国大陆离台湾最近的省份，是八成台胞的祖籍地。福建省正努力建成台胞台企登陆第一家园。2014年，中国将福建省列为21世纪海上丝绸之路核心（hé xīn）区，为福建省的发展创造了新的机遇、赋予（fù yǔ）了新的使命。

生态福建、丝路扬帆，福建明天定更加美好！

第2课 视频　　　　第2课 听力

LESSON 3

第3课
为什么燃煤电站不环保

💡 **想一想**

1. 你知道煤是怎样形成的吗?

2. 你了解地球上的淡水资源吗?

3. 在你的国家存在什么样的环境问题?

📖 **做一做**

选择对应的图片。

①塌陷_____　　②植被_____　　③污染_____

④温室_____　　⑤粉尘_____　　⑥露天煤矿_____

📖 课　文

néngyuán
能源是人类生存和发展最为重要的一种资源。中国的能源结构

zī yuán　　　　jié gòu
决定了燃煤发电是电力供应的主要来源，然而这会带来严重的环境

问题。

chǔ liàng
作为不可再生资源，地球上的煤储量是有限的，无节制大量使用

xiāo hào dài jìn　　　guī mó　　　　shēng tài
会提前将煤资源消耗殆尽。煤矿开采规模和方式，会带来许多生态问

zhí bèi　　　　　tā xiàn
题。开采露天煤矿会破坏地表和植被；地下采煤容易形成地表塌陷和

wū rǎn
地下水源污染等问题。

shì fàng
燃煤电站在生产过程中燃烧大量的煤，煤在燃烧时不但会释放大

fèi　　　èr yǎng huà liú　　　　liú suān
量废气和粉尘，而且废气中的二氧化硫（SO_2）遇到水就会变成硫酸

tuō liú　　dàn
（H_2SO_4）滴落到地面形成酸雨。虽然，目前的脱硫和脱氮装置可以回

zǔ zhǐ
收有害气体和粉尘，但是，无法阻止煤在燃烧过程中所释放出巨量的

èr yǎng huà tàn　　　　　xiào yìng　　jiā sù
二氧化碳（CO_2），这种气体会造成地球"温室效应"，加速全球气候

变暖。

因此煤被称为"非清洁能源"，燃煤电站也不是"环保电站"。如何用"清洁能源"替换"非清洁能源"是电力工业发展中不得不面对的重要问题。

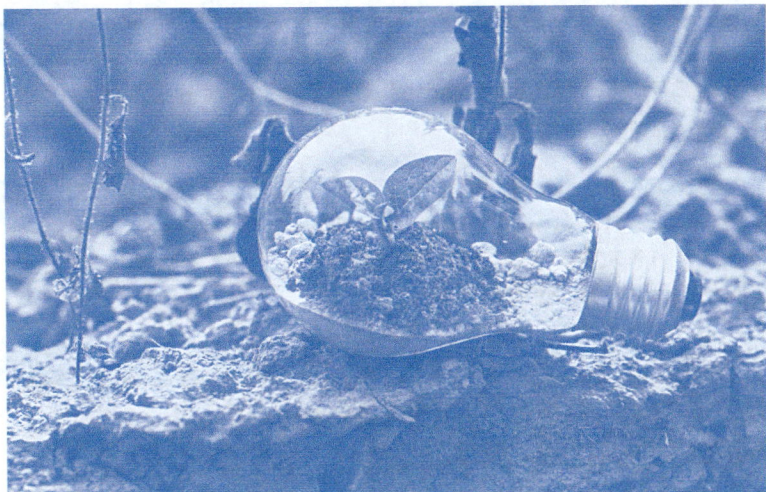

清洁能源

生 词

1 能源（néng yuán）

[名词] 能产生能量的物质，如燃料、水力、风力等，全称"能量资源"。可从中获得热能、机械能、电能、化学能、光能或核能等各种形式能量的一切自然源。（energy sources）

地球不是天然宝库，能源需要大家保护。

2 资源（zī yuán）

[名词] 物质资料和动力的天然来源。多用来表示可利用的自然物质。如：煤、铁、石油等。（resources）

（natural resources）

世界资源正在迅速减少。

3 结构（jié gòu）

[名词] 由组成整体的各部分的搭配和安排；建筑物承重部分的构造；构筑；建造。（structure；fabric；build）
这个句子结构不符合语法要求。
天坛的建筑结构很别致。

4 储量（chǔ liàng）

[名词]（矿产、资源）储备的、储藏的数量。（reserves）
这个国家铁矿储量丰富。

5 节制（jié zhì）

[动词] 限制；控制。（control；be moderate in）
她发现难以节制自己的胃口。

6 消耗殆尽（xiāo hào dài jìn）

[动词词组 成语] 几乎全部消耗完了。（run out）
这场事故让他的精力消耗殆尽。

7 规模（guī mó）

[名词] 事业、工程、运动、机构等所包含的范围。（scale；scope；size）
像三峡这样规模的水利工程，在全世界也不多见。

8 生态（shēng tài）

[名词] 生物在一定的自然环境下生存和发展的状态，也指生物的生理特性和生活习性；生物圈内的生物之间相互影响。（ecology；oecology；aecology）
我养过两年的猫，观察过猫的生态。
合理利用自然资源，防止环境污染和生态破坏。

9 植被（zhí bèi）

[名词] 覆盖地表的植物群落的总称。（vegetation）
人类破坏植被是恶劣天气产生的原因之一。

10 塌陷（tā xiàn）

[动词] 往下陷；沉陷。（fall in；subside；sink）
着火屋子的房顶塌陷了下去。

11 污染（wū rǎn）

[动词] 使沾染上有害物质；破坏人或生物的生存环境。（pollute；stain）

石油泄漏污染了大片海水。

12 释放（shì fàng）

[动词] 恢复人身自由；把所含的物质或能量放出来。（release；discharge）

国王开怀大笑起来，然后下令将他释放。

这片美丽的玫瑰花田，静静地释放迷人的香气。

13 效应（xiào yìng）

[名词] 物理的或化学的作用所产生效果。（effect）

做广告可以很好地提高品牌效应。

14 替换（tì huàn）

[动词] 更替调换；倒换。（replace；substitute for）

主力队员受伤了，只能由其队员替换。

专业词汇

1 燃煤发电

将煤的化学能转化为电能的发电形式。

2 不可再生（资源）

不可更新（资源），指经人类开发利用后，在很长时期内不可能再产生的自然资源，如煤、石油、天然气等。

3 露天煤矿

在地表或浅层的煤炭层，可直接采掘的煤矿。

4 燃煤电站

利用煤发电的电站。

5 粉尘

悬浮在空气中的固体微粒。

6 **废气**（fèi qì）

人体或机器排出的无用气体。（waste gas）

---

7 **二氧化硫**（èr yǎng huà liú）

化学式SO_2，一种无色而有刺激性臭味的气体。（sulfur dioxide SO_2）

---

8 **硫酸**（liú suān）

化学式H_2SO_4，为无色液体，腐蚀性极强。（sulfuric；sulfate）

---

9 **酸雨**（suān yǔ）

由燃烧煤、石油的火力发电厂、炼油厂、汽车所排放出大量的二氧化硫及氮的氧化物，和水蒸气起化学反应形成一定数量酸性物质（如硫酸）的自然降水。（acid rain）

---

10 **脱硫**（tuō liú）

燃烧前、燃烧中或燃烧后采取降低SO_2气体排放的过程。（desulphurize）

---

11 **脱氮**（tuō dàn）

燃烧前、燃烧中或燃烧后采取的降低氮氧化物气体排放的过程，也称脱硝（xiāo）。（denitrification；de-nox）

---

12 **二氧化碳**（èr yǎng huà tàn）

一种重的无色气体CO_2，溶于水中形成碳酸。是一种常见的温室气体，也是空气的组成成分之一。（carbon dioxide）

---

13 **温室效应**（wēn shì xiào yìng）

由于环境污染引起的地球表面变热的现象，也称"花房效应"。（greenhouse effect）

---

14 **清洁能源**

即绿色能源，不排放污染物、能够直接用于生产生活的能源。

句 子

1 能源是人类生存和发展最为重要的一种资源。

---

2 煤矿开采规模和方式，会带来许多生态问题。

3 燃煤电站在生产过程中会燃烧大量的煤，煤在燃烧时会释放大量废气和粉尘。

学一学

学习课文中的表达范例

语法项目	重点词语或结构	例句
转折复句	……，然而……	中国的能源结构决定了燃煤发电是电力供应的主要来源，然而这会带来严重的环境问题
		雪下得很大，然而我并不觉得冷
		小草很娇嫩，然而生命力很强
递进复句	不但……，而且……	煤在燃烧时不但会释放大量废气和粉尘，而且废气中的二氧化硫（SO_2）遇到水就会变成硫酸（H_2SO_4）滴落到地面形成酸雨
		她不但会唱歌，而且会跳舞
		他不但会说英语，而且会说汉语
不得不	不得不+动词（短语）	如何用"清洁能源"替换"非清洁能源"是电力工业发展中不得不面对的重要问题
		我把作业写错了，不得不再做一次
		雨下得很大，小红不得不坐车回家

练 习

一、用课文中出现的词语填空。

1.作为不可再生_____，地球上的煤_____是有限的，无_____大量使用会提前将煤资源_____。

2. 开采_____会破坏地表和_____；地下采煤容易形成_____和地下水源_____等问题。

3. 目前的_____和_____装置可以_____有害气体和粉尘。

二、根据拼音写出汉字。

chǔ liàng   xiāo hào dài jìn   wēn shì xiào yìng   fèi qì

jié zhì   zī yuán   tì huàn   suān yǔ

三、补充句子

1. 中国的_____决定了_____是_____的_____。

2. 废气中的_____遇到水就会变成_____形成酸雨。

3. 如何用"清洁能源"换"非清洁能源"是_____。

四、回答问题

1. 煤为什么不是清洁能源?

2. 煤在燃烧时会对环境造成怎样的影响?

拓展学习

知识补给站

截至2021年，中国是世界上煤炭产量最大的国家，产量41.26亿吨，占全球产量的50.5%；其次是印度，煤炭产量8.11亿吨；排名第三的是印度尼西亚，美国和澳大利亚则分别排名第四、第五。

拓展阅读

中国火力发电行业的现在与将来

火力发电是中国发电方式中历史最久、也是最主要的一种，长期占电力总 装机容量和总发电量的七成比例左右。

虽然火力发电在现有发电方式中有很多优势，如：技术成熟，成本较低，地理环境要求也不高，但造成的污染大。此外，伴随着自然资源不断匮乏，煤炭、石油等价格不断上涨，影响了火力发电的经济效益。随着生态环境的恶化，中国对于火电发电环保性越来越重视，关闭了一批能效低、污染重的小火电机组，在很大程度上加快了国内火电设备的更新换代。

虽然火力发电量市场占有的比重在下降，但是受能源结构、历史电力装机布局等因素影响，火电在现在和将来仍具有的独特优势，很长时期内无法被其他非化石能源发电所替代的。因此，未来中国发电能源结构仍将长期以火电为主。同时，面对绿色发展要求，火力发电行业需加大科技创新力度，提升绿色管理水平，增强行业绿色竞争力。

火力发电厂

煤都的美食美景美艺术

在中国华北地区，有一个城市被称为"中国煤都"，它就是大同。山西省第二大城市的大同，古称云中、平城、云州，在山西省最北端，是晋（山西）冀（河北）蒙（内蒙古自治区）三省区的交界。因为地理和气候的因素，这儿的煤资源特别丰富，不仅产量大、易开采而且品质好，被赞为"中国煤都"。

如果你来到大同，就会发现这里不仅有黑油油的煤还有金灿灿的小米、白花花的刀削面、黄澄澄的杏脯、红油油的凉粉、甜丝丝的油炸糕和香喷喷的豆腐干。美食吃饱了我们一起去看看古朴的云冈石窟、雄伟的"北岳"恒山、壮观的悬空寺。风景看累了，我们坐下来静静地感受广灵剪纸的魅力，观察剪纸生动的构图、传神的表现力、细腻的刀法、考究的用料与染色、精细的包装与制作。最让人惊叹的还属煤雕——当煤炭被赋予千姿百态的形象时，你会发现煤炭除了燃烧带给我们温暖之外，还能那么精致、细腻、灵动和富有生命力！

杏脯

中国剪纸

剪纸是最古老的中国民间艺术之一，至今已经有一千五百年历史。是用剪刀将纸剪成各种各样的图案，如窗花、门笺(mén jiān)、墙花、顶棚花、灯花等。每当过节或新婚喜庆(xīn hūn xǐ qìng)，人们便将美丽鲜艳(xiān yàn)的剪纸贴在家中窗户、墙壁、门和灯笼上，节日的气氛(qì fēn)也因此被烘托(hōng tuō)得更加热烈。

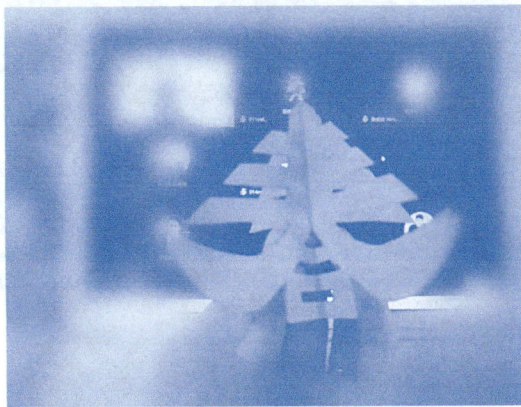

立体剪纸——春

剪纸艺术在北朝时就已经出现；隋唐(suí táng)以后渐渐(jiàn)繁荣(fán róng)，到了宋朝开始普及(pǔ jí)，出现了剪纸行业和剪纸名家。

明清时代是剪纸的高峰(gāo fēng)期。一幅好的剪纸作品要具备自己的风格和特点，要玲珑剔透(líng lóng tī tòu)、画面均衡(jūn héng)、轮廓(lún kuò)优美。剪纸的纹样大致可以为：人物、鸟兽、文字、器用、鳞介(lín jiè)、花木、果菜、昆虫、山水等十几类。剪纸的刀法形式除"锯齿(jù chǐ)"和"月牙儿"之外，还有花朵、涡纹(guō wén)、云纹和水纹等。

透过窗户上红红的窗花，点点灯光照在人们笑盈盈(xiào yíng yíng)的脸上，一幅小小的剪纸，承载(chéng zài)的是中国人最朴实(pǔ shí)的美好愿望。正在读书的你，也来试一试剪一幅漂亮的剪纸作品吧！

第3课 视频

第3课 听力

LESSON 4

第4课
为什么垃圾能发电

💡 **想一想**

1. 垃圾分为哪几类？
2. 怎样对垃圾进行开发利用？
3. 垃圾发电的好处是什么？

📖 **做一做**

选择对应的图片。

①垃圾分类_____　②垃圾填埋场_____
③垃圾堆肥_____　④焚烧垃圾发电_____

📖 课　文

中国是一个人口众多的国家，每天人类活动产生的垃圾十分庞大。在全世界每年产生的 4.9 亿吨垃圾中，仅中国城市就占 1.3 亿吨。垃圾中产生的有毒有害物质会逐渐渗透到地下和河流中，给我们的环境带来巨大的危害。垃圾无害化处理已是当务之急，如何将它们化害为利，变废为宝呢？

在众多的处理措施中，焚烧垃圾发电是最经济的办法，它是通过特殊的焚烧锅炉燃烧城市固体垃圾，再通过蒸汽轮机发电机组发电的一

垃圾焚烧发电站

种发电形式。从20世纪70年代起，一些发达国家便开始研究并实施垃圾发电，和它们相比，中国虽然刚刚起步，但发展迅猛。在北京，在浙江，在江苏，都有建在市中心的垃圾焚烧发电厂。随着垃圾回收、运输、分拣、处理、综合利用等各环节技术的不断完善，燃烧效率不断提高。从长远来看，垃圾发电将为国家的环保事业再助一臂之力。

生 词

1 渗透（shèn tòu）

［动词］ 渗入；透过（permeate）
雨水渗透了泥土。

2 处理（chǔ lǐ）

［动词］ 用特定方法加工。（treat by a special process；treatment）
你知道如何处理这些废弃物吗？

3　当务之急（dāng wù zhī jí）

[名词词组]　当前最急需要办的事。（urgent matter; pressing demand of the moment; task of top priority）

人人各有当务之急。

4　措施（cuò shī）

[名词]　针对情况采取的处理办法。（measure）

这是一种安全措施。

5　焚烧（fén shāo）

[动词]　烧毁，烧尽。（burn; set on fire）

大量的毒品当场被焚烧了。

6　经济（jīng jì）

[形容词]　用较少的人力、物力或时间获得较大的成效。（economical）

这样做事合乎经济原则。

7　研究（yán jiū）

[动词]　钻研；探索。（study; research）

他正在研究这个课题。

8　实施（shí shī）

[动词]　实际施行。（carry out; apply; enforce; implement）

今年我国将实施这些新规。

9　回收（huí shōu）

[动词]　对物品（多指废品或旧货）的收回利用。（recovery）

他负责废品的回收。

10　分拣（fēn jiǎn）

[动词]　加以区别，拣出归类。（sorting）

他的任务是信件分拣。

11　完善（wán shàn）

[动词]　使完备美好。（to make perfect）

我们需要不断完善各种规章制度。

12　效率（xiào lǜ）

[名词]　单位时间完成的工作量。（efficiency）

她努力提高自己的工作效率。

13　长远（cháng yuǎn）

[副词]　将来很长时间。（in long run；long-range；long-term）

大家应从长远来考虑这个问题。

14　一臂之力（yī bì zhī lì）

[名词词组]　手臂拉一把的力量。不太大的力量。（lend a helping hand；hold a candle to）

请助我一臂之力。

专业词汇

1　锅炉

产生水蒸气或热水的装置，由盛水的钢制容器和烧火的装置构成。

2　蒸汽轮机

是一种撷取（将水加热后形成的）蒸汽的动能并将之转换为涡轮转动的动能的机械。

3　发电机

把汽轮机、水轮机、内燃机所产生的机械能变成电能的机器。

句子

1　垃圾无害化处理已是当务之急，如何将它们化害为利，变废为宝呢？

2　从20世纪70年代起，一些发达国家便开始研究并实施垃圾发电，和它们相比，中国虽然刚刚起步，但发展迅猛。

3　随着垃圾回收、运输、分拣、处理、综合利用等各环节技术的不断完善，燃烧效率不断提高。

4　从长远来看，垃圾发电将为国家的环保事业再助一臂之力。

🖥 学一学

学习课文中的表达范例

语法项目	重点词语或结构	例句
仅……就	用来表示某种事物数量大或多。"仅"用来限定范围，整个结构说明在较小的范围内，某种事物已经达到较多的数量	在全世界每年产生的4.9亿吨垃圾中，仅中国城市就占1.3亿吨
		今年雨水特别多，仅上个月就下了半个月的雨
		他仅昨天一天就损失了几万元
与/和A相比，B……	表示"和A进行比较时，B在某些方面的特点"后面的句中多有表示比较含义的词语	和它们相比，中国虽然刚刚起步，但发展迅猛
		与过去相比，今天的中国确实发生了巨大的变化
		和大自然相比，人类是渺小的
从……来看	用来表示从某方面来考虑，可以得出某种结论	从长远来看，垃圾发电将为国家的环保事业再助一臂之力
		从目前来看，股价是持续上涨的
		从长远来看，你的决定是正确的

✍ 练 习

一、用课文中出现的词语填空。

1.垃圾中产生的有毒有害物质会逐渐_____到地下和河流中，给我们的环境带来了巨大的_____。

2．它是通过特殊的焚烧_____燃烧城市固体垃圾，再通过蒸汽轮机_____组发电的一种发电形式。

3.随着垃圾_____、运输_____、处理、综合利用等各环节技术的不断_____，燃烧_____不断提高。

二、根据拼音写出汉字。

shèn tòu   dāng wù zhī jí   cuò shī

wán shàn   xiào lù   yī bì zhī lì

三、补充句子。

1.垃圾无害化_____已是_____，如何将它们化害为利，_____呢？

2.在众多的处理_____中，焚烧垃圾发电是最_____的办法。

3.从20世纪70年代起，一些发达国家便开始_____并_____垃圾发电，和它们相比，中国虽然刚刚_____，但发展_____。

四、回答问题。

1.垃圾发电需要的设备有哪些？

2.垃圾发电中的哪些环节需要完善提高？

📰 拓展学习

知识补给站

中国城市每年垃圾产量约达到2亿吨，每年花在垃圾运输，处理上的费用就耗损约300亿元。如果焚烧这些垃圾，则能够产生相当于燃烧1400万吨标煤的发电量。

拓展阅读

垃圾焚烧发电优势

人们在生产生活中无时无刻不在产生着垃圾，这些垃圾数量庞大，对环境造成了极大的危害，就我国而言，全国六百多座大中城市中，大概有三分之一的城市面临着垃圾处理的难题。目前，垃圾处理的方式主要有三种：填埋、堆肥和焚烧发电。先说填埋，它的优点是可以处理各类垃圾，操作简便，处理费用少，处理量大，缺点是需要占用大量的土地，并容易对环境造成二次污染，危害人们的健康。再看堆肥处理，它适合于易腐熟，有机质含量高的生活垃圾，它可将生活垃圾中的生物质经无害化处理后返回到生态系统中去，有助于改善土壤，但缺点是它无法分解垃圾中的无机物。相比较而言，焚烧发电优势更加明显，第一，减容效果好，焚烧后，可将垃圾的体积缩小到原来的1/10；第二，占地面积小，垃圾焚烧所占用的土地是垃圾填埋的1/20至1/15；第三，处理速度快，垃圾在填埋时一般需要十到三十年才能分解，而如果是焚烧发电，只要垃圾的熔点低于850摄氏度，两个小时就可以完成；第四，污染可控制，焚烧产生的污染仅仅是填埋的1/50；第五，资源化率高，焚烧2吨垃圾的发电量大约相当于1吨煤。

城市垃圾清运车

垃圾分类助力焚烧发电

中国第一大城市上海人口超过两千万，每日产生的垃圾量巨大。据<ruby>调查<rt>diào chá</rt></ruby>，上海平均每天产出2.47万吨的生活垃圾，年垃圾产量可达到900多万吨。作为全球最大的垃圾焚烧发电厂——上海老港再生能源利用中心每日垃圾处理量可以达到6000吨左右，每日发电量更是超过300万<ruby>千瓦时<rt>qiān wǎ shí</rt></ruby>。不得不说，此项工程的顺利<ruby>推<rt>tuī</rt></ruby>进应<ruby>归功<rt>guī gōng</rt></ruby>于自2019年在上海地区<ruby>实施<rt>shí shī</rt></ruby>的史上最严垃圾分类<ruby>条例<rt>tiáo lì</rt></ruby>。据<ruby>报道<rt>bào dào</rt></ruby>，每天在垃圾收运时，操作师傅都会检查是否有干垃圾<ruby>混杂<rt>hùn zá</rt></ruby>，一些区甚至还专门引入了<ruby>智<rt>zhì</rt></ruby>能<ruby>监管系统<rt>jiān guǎn xì tǒng</rt></ruby>，若垃圾分类有误，收运员当场拍照上传后，APP的<ruby>后台信息<rt>hòu tái xìn xī</rt></ruby>就会<ruby>实<rt>shí</rt></ruby>时传送给各个<ruby>管理部门<rt>guǎn lǐ bù mén</rt></ruby>。根据这些后台信息，相关部门将<ruby>上门督促整改<rt>shàng mén dū cù zhěng gǎi</rt></ruby>。市民也可以通过12345<ruby>热线<rt>rè xiàn</rt></ruby>，<ruby>微信公众号<rt>wēi xìn gōng zhòng hào</rt></ruby>以及<ruby>社区公开投诉举报<rt>shè qū gōng kāi tóu sù jǔ bào</rt></ruby>电话等，<ruby>监督反映<rt>jiān dū fǎn yìng</rt></ruby>混装，混运等问题。

上海

魅力上海

上海是全国首个实行垃圾分类的城市，说到上海，你还会想到什么？是<ruby>繁华<rt>fán huá</rt></ruby>的城市街道，还是百年的<ruby>弄堂道里<rt>lòng táng dào lǐ</rt></ruby>，还是<ruby>吴侬软语<rt>wú nóng ruǎn yǔ</rt></ruby>的江南水乡……这种<ruby>风情韵味<rt>fēng qíng yùn wèi</rt></ruby>，到底哪一个才是让你为之<ruby>迷恋<rt>mí liàn</rt></ruby>的理由？

璀璨魔都：上海是中国的经济金融中心，也是一座让人沉醉的现代化都市，而外滩，作为上海最具标志性的景观区域之一，风格迥异的艺术建筑群错落有致的矗立在黄浦江边，无论白天或是黑夜，这道风景线都属实让人陶醉。

　　西洋风情：它是璀璨夺目的时尚之都，还是有着极强兼容性的国际都市，一座座带有海派风情的西洋建筑，被茂密的法国梧桐环绕，红砖石墙，郁葱花园，仿佛复古的油画世界一般，每一个路过的人都会不自觉地被它吸引。

　　江南韵味：上海除了是兼具包容的国际都市，还有着曼妙多情的江南水乡、弄堂道里，走在青石板的静谧老街，走进古老斑驳的石库门，无论天晴下雨都别有一番滋味。

上海街道

第4课　视频

第4课　听力

LESSON 5

第 5 课
怎样利用生物质发电

💡 **想一想**

1. 你知道什么是生物质吗？
2. 说一说常见的农业废弃物处理方式。
3. 想一想生物质发电厂在哪些地区适用。

📖 **做一做**

选出与生物质发电有关的图片。

请写出答案_____

生物质发电指的是利用生物燃料发电，包括林业、农业废弃物、垃圾填埋气、沼气等。

生物质发电通常有两种方式，一是直接燃烧发电，二是气化发电。

生物质发电厂

利用秸秆、林业废弃物可以直接燃烧发电。原料进入生物质锅炉，充分燃烧产生蒸汽，蒸汽驱动发电机。余下的灰烬加工成钾肥供农场使用。

利用气化炉可以把生物质转化为可燃气体。燃气通过一系列的净化过程，驱动内燃机和燃气轮机发电。生物质气化发电既解决了环境污染问题，又实现了可再生能源的充分利用。

此外，生物质发电还有两大优势。生物质发电厂是以小麦、玉米、棉花（mián huā）、稻壳（dào ké）、木材加工废料为原料，利用它们发电，可减少露天燃烧，节约煤炭（méi tàn）资源，增加农民收入；生物质能是一种可以再生的能（néng）源（yuán），如果它们可以替代更多矿物燃料，就可以减少过度开采煤、石油等不可再生能源带来的问题。

生 词

1　燃（rán）

［动词］烧起火焰；引火点着。（burn）
煤在炉子里燃烧。

2　废弃物（fèi qì wù）

［名词］没有用的东西，或失去原有使用价值之物。（waste material）
我们要保护海洋环境，不向海洋倾倒废弃物。

3　沼气（zhǎo qì）

［名词］有机物质在与空气隔绝的条件下产生的一种可燃气体。（marsh gas）
沼气是一种很好的燃料。

4　秸秆（jiē gǎn）

［名词］农作物的茎秆。（straw; stalk）
露天焚烧秸秆会造成空气污染。

5　锅炉（guō lú）

［名词］把水转化成蒸汽的一种装置。（boiler）
锅炉里的水已经烧开了。

6　蒸汽（zhēng qì）

［名词］水加热到沸点所变成的水汽。（steam）
蒸汽冷却后会凝结为小水滴。

7　驱动（qū dòng）

[动词]　用动力推动；带动；发动。（drive）
理想驱动着我不断努力。

8　灰烬（huī jìn）

[名词]　物品燃烧后的剩余物。（ashes；cinder）
他拨动灰烬使火苗燃烧起来。

9　净化（jìng huà）

[动词]　清除不好的或不需要的，使纯净。（purify）
城市的污水需要净化。

10　污染（wū rǎn）

[动词]　使沾上脏物或有害物质。（pollute）
空气污染危害人们的身体健康。

11　棉花（mián huā）

[名词]　一年生或多年生灌木，其纤维为纺织工业主要原料。（cotton）
天上的云像一团棉花似的。

12　稻壳（dào ké）

[名词]　稻谷外面的一层表皮。（rice husk；rice hull）
稻壳是稻粒的保护层。

13　煤炭（méi tàn）

[名词]　即煤。用作燃料和化工原料的一种黑色固体矿物。（coal）
这片土地中蕴藏着丰富的煤炭资源。

专业词汇

1　生物质

生物质是指利用大气、水、土地等通过光合作用而产生的各种有机体，即一切有生命的可以生长的有机物质通称为生物质。

2 垃圾填埋

国际上广泛使用的城市生活垃圾无害化处理方式之一，在不造成污染的情况下将垃圾填入到洼池或者是大坑当中。

3 内燃机

内燃机，是一种动力机械，它是通过使燃料在机器内部燃烧，并将其放出的热能直接转换为动力的热力发动机。

4 燃气轮机

燃气轮机（gas turbine）是以连续流动的气体为工质带动叶轮高速旋转，将燃料的能量转变为有用功的内燃式动力机械，是一种旋转叶轮式热力发动机。

句 子

1 生物质发电通常有两种方式：一是直接燃烧发电；二是气化发电。

2 生物质气化发电既解决了环境问题，又实现了可再生能源的充分利用。

学一学

学习课文中的表达范例

语法项目	重点词语或结构	例句
意义上的被动句	主语（受事）+动词短语 主语（受事）+小句	作业写完了
		我的词典小王借走了
"把"字句性质变化	主语+把+宾语+动词+完成……	我把衣服洗干净了
		我把作业做完了
		请把这篇文章翻译成英文
假设复句	如果……，就……	如果/要是明天下雨，我们就不去了

练 习

一、用课文中出现的词语填空。

1.利用_____、林业废弃物可以直接_____发电。原料进入生物质_____
_____，充分燃烧产生_____，蒸汽_____发电机。余下的_____
加工成_____肥供农场使用。

2.生物质发电厂是以小麦、玉米、_____、_____、木材加工废料为原料。
利用它们发电，可减少露天_____，节约_____资源，增加农民收入。

二、根据拼音写出汉字。

rán   fèi qì wù   zhǎo qì   jiē gǎn   guō lú

zhēng qì   qū dòng   huī jìn   jìng huà   wū rǎn

三、补充句子。

1.生物质发电通常有两种方式：一是_____；二是_____。

2.生物质发电指的是利用生物燃料发电，包括_____等。

3.生物质气化发电既_____，又_____。

四、回答问题。

1.生物质发电有几类方式？

2.生物质发电的优点是什么？

知识补给站

生物质发电是可再生能源发电的一种，包括农林废弃物直接燃烧发电、农林废弃物气化发电、垃圾焚烧发电、垃圾填埋气发电、沼气发电。生物质发电起源于20世纪70年代，世界性的石油危机爆发后，丹麦开始积极开发清洁的可再生能源，大力推行秸秆等生物质发电。自1990年以来，生物质发电在欧美许多国家开始大力发展。目前，中国生物质发电建设规模快速增长，截至2021年7月底，全国生物质发电装机3409万千瓦。

拓展阅读

· 阅读 1

人类对生物质能的利用

生物质能是人类赖以生存的重要能源，是继煤炭、石油、天然气之后的第四大能源。有关专家估计，生物质能在未来可持续发展的能源体系中占有重要地位，在本世纪中叶，各种生物替代燃料将占全球能源总能耗的40%以上。

人类利用生物质能，包括农作物秸秆、薪柴等直接用作燃料；农林废弃物、动物粪便、垃圾和藻类是间接燃料，它们通过微生物作用产生沼气，或利用热解法生产液体、气体燃料、生物炭。生物质能是目前世界上应用最广泛的可再生能源。据估计，每年通过光合作用产生的生物量为1440～1800亿吨，相当于1990年代早期世界总能源消耗的三至八倍。大部分都是直接当柴烧，效率低，对生态环境造成不良影响。现代生物质能利用主要包括利用生物质厌氧发酵生产甲烷、热解法生产燃料气、生物油、生物炭、生物燃料乙醇和甲醇燃料，利用生物工程技术培育能源植物和能源农场。

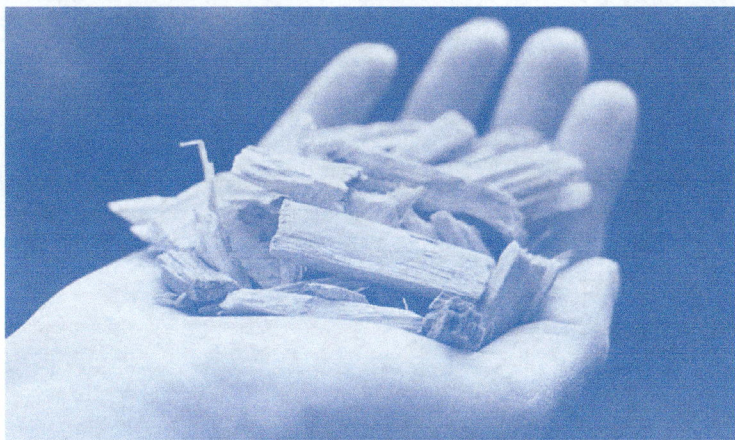

生物质能——薪柴

· 阅读 2

沼气发电

　　沼气燃烧发电是随着大型沼气池建设和沼气综合利用的不断发展而兴起的一项沼气利用技术，它利用发酵产生的沼气作为发动机的动力。沼气发电具有节能、安全、环保等特点，是一种分布广泛、价格低廉的分布式能源。

　　沼气发电是一种综合利用能源的新技术，它集环保与节能于一体。利用工业、农业或城镇生活产生的大量有机废弃物（如酒渣、禽粪、城市垃圾、污水），利用厌氧发酵产生的沼气，驱动沼气发电，再充分利用发电机产生的余热来生产沼气。根据发电设备不同，沼气发电热电联产项目热效率差异较大，如采用燃气内燃机，热效率可达70%～75%，若采用燃气涡轮或余热锅炉，则热效率可达90%以上。沼气作为一种清洁能源，不仅解决了环境问题，减少了大量的废弃物，保护了环境，减少了温室气体的排放，而且可以变废为宝，产生了大量的热能和电能，符合环保的能源回收理念，同时也带来了巨大的经济效益。中国是全球沼气大国，根据农业农村部统计（2017年），中国已建规模化沼气工程11万处，其中大型沼气工程（含特大型）7631处，大型沼气工程总池容862万立方米，年产气量348万立方米。

沼气发电

中国的植树造林

中国植树造林成效显著，人工造林面积长期居于世界首位，2000—2018年，全球森林面积净减少1700万平方千米，而中国森林面积净增4500万平方千米，增长率为26.90%。"三北"防护林工程、"退耕还林"工程、"京津沙源治理"工程、"塞罕坝、库布齐沙漠绿化"等工程的实施以及国家级森林公园的生态保护成效显著，是中国森林面积增加的主要因素。

"三北"防护林工程是指在中国三北地区（西北、华北和东北）建设的大型人工林业生态工程。中国政府为改善生态环境，于1979年决定把这项工程列为国家经济建设的重要项目。工程规划期限为73年，分八期工程进行，已经启动第六期工程建设。

工程建设范围囊括了三北地区13个省（自治区、直辖市）的725个县（旗、区），总面积435.8万平方千米，占中国国土总面积的45%，在国内外享有"绿色长

"三北"防护林工程

城"之美誉。

    三北工程累计完成造林保存面积3014万公顷，工程区森林覆盖率由5.05%提高到13.57%，三北地区地域辽阔，光热资源充足，物种资源多样，矿产资源丰富。人均耕地、草地均高于全国平均水平，是中国重要的畜牧业基地和极具开发潜力的农业区。

第5课 视频

第5课 听力

LESSON 6

第 6 课
怎样利用水力发电

💡 **想一想**

1. 你知道水力发电的形式有哪些吗？

2. 你听说过钱塘潮吗？

3. 你知道什么是潮汐发电吗？

📖 **做一做**

选择对应的图片。

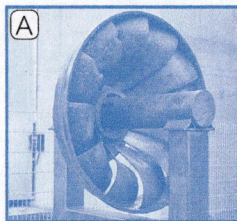

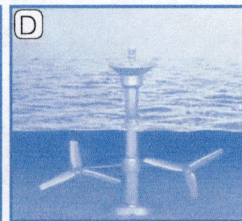

①水力发电站_____　　②潮汐发电_____

③潮汐_____　　④水轮机_____

利用河川水流所蕴藏（yùn cáng）的能量生产电能，称为水力发电。潮汐发电就是其中很重要的一种形式。

农历八月十八是钱塘江一年一度（yì nián yí dù）的观潮节，众多的海内外游客会被奇特的潮汐景观所吸引。潮汐是在月球和太阳引力作用下形成的海水周期性涨落现象，潮汐现象每个昼夜（zhòu yè）都在发生，它就像海洋在有节（jié）奏（zòu）地进行"呼吸"。潮汐的涨落中蕴藏着巨大的能量，人们开始对这种能量加以利用。

潮汐发电的原理很简单，一般说来，人们会在海湾或河口等有利地势修建水库，并在坝中或坝旁建造水利发电厂房。涨潮时，海水被储存在水库里，以势能的形式保存，落潮时，海水被放出，高低潮位之间会形成一定的落差（luò chā）。利用这种潮差，推动水轮机旋转（xuánzhuǎn），带动发电机运作（yùn zuò），从而产生电力。

潮汐

潮汐发电不但具有资源_{zī yuán}丰富、储备量大、可再生_{zài shēng}、可预测_{yù cè}等特点，而且它无需消耗_{xiāo hào}燃料，无污染，因此成为人类开发"蓝色能源"的重点。

生 词

1 一年一度（yī nián yī dù）

［形容词词组］ 每年一次。（once a year; yearly）
一年一度的重阳节又到了。

2 周期（zhōu qī）

［名词］ 事物在运动、变化过程中，某些特征多次重复出现，其连续两次出现所经过的时间叫"周期"。（period; cycle）
每个细胞都有它的生命周期。

3 昼夜（zhòu yè）

［名词］ 白昼与夜晚。（day and night; round the clock）
这个地区昼夜温差大。

4 节奏（jié zòu）

［名词］ 比喻规律、步骤。（regular pattern）
工作要有节奏地进行。

5 落差（luò chà）

［名词］ 数值变化由高而低所产生的差距。（drop in elevation）
今年夏季干旱，水库的水位落差很大。

6 旋转（xuán zhuǎn）

［动词］ 物体围绕一个点或一个轴做圆周运动。（rotate; circle; spin; revolve）
地球绕地轴旋转，同时也围绕太阳旋转。

7 运作（yùn zuò）

［动词］ 运行和操作，指进行中的工作状态。（move and operate）
这家公司一直以来运作很顺利。

8 可再生（kě zài shēng）

[形容词词组] 可以不断更新，被人们反复利用的。（renewable）

风能是可再生能源。

9 预测（yù cè）

[动词] 预先测定或推测。（forecast; calculate）

你能预测未来吗?

10 消耗（xiāo hào）

[动词] 消散损耗。今多指因使用或受损而逐渐减少。（consume; use up）

这件事消耗了他太多的精力。

专业词汇

1 **潮汐**

由于月亮和太阳的吸引力而产生的水位定时涨落现象。

2 **势能**

由物体所处的位置或弹性形变而具有的能。

3 **水轮机**

把水流的能量转换为旋转机械能的动力机械。

句子

1 农历八月十八是钱塘江一年一度的观潮节，众多的海内外游客会被奇特的潮汐景观所吸引。

2 潮汐是在月球和太阳引力作用下形成的海水周期性涨落现象，潮汐现象每个昼夜都在发生，它就像海洋在有节奏地进行"呼吸"。

3 潮汐发电不但具有资源丰富、储备量大、可再生，可预测等特点，而且它无需消耗燃料，无污染，因此成为人类开发"蓝色能源"的重点。

学习课文中的表达范例

语法项目	重点词语或结构	例句
A被B所+动词	这是汉语被动句的一种非常书面的表达形式，"所"后面的动词多为双音节动词，而且不能再带其他成分	众多的海内外游客会被奇特的潮汐景观所吸引
		她的声音被人群的欢呼声所淹没
		我们被江上动听的琴声所吸引
对……加以+V	"加以"用在双音节或多音节动词前，表示如何对待或处理前面所提到的事物，多用于书面正式语体	潮汐的涨落中蕴藏着巨大的能量，人们开始对这种能量加以利用
		学校决定，对考试作弊的学生要加以及时处理
		他们对调查结果加以分析之后，发现了产生问题的原因
承接复句	……，从而……	利用这种潮差，推动水轮机旋转，带动发电机运作，从而产生电力
		学校开展了许多课外活动，从而扩大了同学们的知识面
		毕昇发明了活字印刷，从而使印刷术有了新的突破

练 习

一、用课文中出现的词语填空。

1.潮汐是在月球和太阳_____作用下形成的海水_____涨落现象，潮汐现象每个_____都在发生，它就像海洋在有_____地进行"呼吸"。

2._____时，海水被储存在水库里，以_____的形式保存，_____时，海水被放出，高低潮位之间会形成一定的_____。

3.利用这种_____，推动_____旋转，带动_____运作，从而产生电力。

二、根据拼音写出汉字。

yùn cáng　　　　　yī nián yī dù　　　　zhòu yè　　　　　jié zòu

kě zài shēng　　　　yù cè　　　　　　　xiāo hào　　　　　xuán zhuǎn

三、补充句子。

1.农历_____是_____一年一度的观潮节，众多的海内外游客会被奇特的潮汐景观所吸引。

2. 一般说来，人们会在海湾或河口等有利地势修建_____，并在坝中或坝旁建造_____。

3. 潮汐发电不但具有资源丰富、储备量大、_____，_____等特点，而且它无需消耗燃料，_____。

四、回答问题。

1.潮汐发电需要的设备有哪些？

2.潮汐发电的优点有哪些？

知识补给站

研究发现，想要利用潮汐发电，必须具备两个条件：①潮汐幅度必须大，水位落差必须达到至少高5米才能发电；② 海岸地形必须能够储存大量的海水，而且是能够进行土建工程的地方。

拓展阅读

· 阅读 1

钱塘江大潮

钱塘江在我国浙江省，最后汇(huì)入(rù)东海，在它入海口的海潮为钱塘潮，天下闻(tiān xià wén)名(míng)。每年农历八月十五，钱塘江潮最为壮观，潮头可以达到数米。在中秋节前后，

钱塘江大潮

fēng yōng ér zhì　　zhēng xiān kǒng hòu

海内外游客蜂拥而至，争先恐后，为的是一睹钱江潮的风采。古时观潮，凤凰山、

biàn qiān

江干一带是最佳的观潮点。后来由于地理位置的变迁，从明朝开始，海宁盐官成为

观潮第一胜地。

mèn léi gǔn dòng

　　站在江畔，远处传来隆隆的响声，好像闷雷滚动，过了一会，响声越来越大，

shuǐ tiān xiāng jiē　　　　　　　　　　　　　　　　　　　　　　héng

只见水天相接的地方出现了一缕银线，你还来不及反应，这条白线拉长，变粗，横

guàn　　　　　　fān gǔn ér zhì

贯江面，潮水翻滚而至，后浪推着前浪，一层叠着一层，不一会儿，潮峰就高达

xiōng yǒng péng pài　wèi wéi zhuàng guān　　　　　　　　　xīng shèng

3～5米，汹涌澎湃，蔚为壮观。钱塘观潮开始于汉魏，兴盛于唐宋，至今已有两

千多年的历史，成为当地一大特色。

·阅读 2

中秋

yǒng cháo

　　钱塘江涌潮为世界一大自然奇观，中秋节前后为观潮最佳时节。那么中秋节，

这个仅次于春节的第二大传统节日，除钱塘观潮外，人们还会进行哪些活动呢？

fú yuán liáo kuò

　　中国幅员辽阔，人口众多，许多地方都发展了独特的地方习俗。但赏月，吃月

liú chuán　　jīng

饼，赏桂花，饮桂花酒却作为我国南北各地过中秋节的必备习俗，流传至今，经

jiǔ bù xī　　　　　　　jiǎo jié　　　　　　　　　　　　　jì tuō

久不息。中秋之夜，月色皎洁，人们抬头望月，以月来寄托深情，他们常用"月

bēi huān lí hé　　　　tā xiāng　yóu zǐ

圆，月缺"来形容"悲欢离合"，而远在他乡的游子，更是会借此来寄托自己对故

中秋月饼香又甜

乡和亲人的思念之情。俗话有："八月十五月正圆，中秋月饼香又甜"。月饼最初是用来祭奉月神的祭品，后来人们逐渐把中秋赏月与品尝月饼结合在一起，寓意家人团圆，每逢中秋，皓月当空，合家团聚，品饼赏月，闻着阵阵桂香，喝一杯桂花蜜酒，全家人甜甜蜜蜜，欢聚一堂，尽享天伦之乐，好幸福呀！

· 阅读 3

三峡与都江堰

三峡工程位于中国湖北省宜昌市，是有史以来建设最大型的工程项目。我们知道，它的一大重要任务是发电。三峡水电站是目前世界上规模最大的水电站，截至2018年12月21日，三峡电站累计生产1000亿千瓦时绿色电能。除此之外，三峡工程另外一个核心作用是防洪。古代的长江水患频繁，严重影响了人们的正常生活，人民生命安全受到了极大的威胁，而三峡大坝的建设，高效地控制洪水，降低

三峡工程

zì rán zāi hài qún zhòng yǐng xiǎng
自然灾害对人民群众的影响。

让我们再来看看另外一个古老的水利工程——都江堰吧，它坐落在成都平原西部的岷江上，是科学而完善的水利工程体系。它巧妙地利用地势和水势，解决了泄洪、排沙和流量控制等难题。2000多年来一直发挥着防洪灌溉作用，造福了千万百姓，使成都平原成为沃野千里的富庶之地。当你来到都江堰，你会不禁惊叹古人的智慧，让这座至今为止年代最久远的无坝引水工程，真正实现了人和自然的和谐共生。

第6课　视频　　　　　　第6课　听力

LESSON 7

第 7 课
怎样利用核能发电

💡 想一想

1. 什么是核能？

2. 核能安全吗？

3. 你知道核能发电的原理吗？

📖 做一做

选择对应的图片。

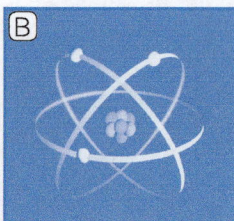

A	B	C	D

①核能＿＿＿＿＿＿＿　　　　②核电站＿＿＿＿＿＿＿

③铀（核燃料）＿＿＿＿＿＿　④原子核＿＿＿＿＿＿＿

核能也称原子能，是从原子核内释放出来的巨大能量。人们常把核能发电过程比作"烧开水"。核电站最关键的点在于反应堆，因为它是进行核裂变的装置。在反应堆内用铀作为核燃料，水作为冷却剂。水将核裂变时释放的大量能量吸收，变成高温高压的水，然后这部分"热水"沿着管道进入蒸汽发生器，变成蒸汽推动涡轮机旋转，进而带动发电机进行发电。

另外，为了保证核电站的安全性、实用性和经济性，在选址时要注意以下几点：首先，要远离地震活动带并选择地质稳定的地区；其次，由于核电站需要大量的冷却水，因此核电站应该建在取水便利的区域，比如海边或较大的江河湖泊附近；最后，为了减少对人们生活的影响，核电站应选在远离居民点或住宅的下风地区。由中国自行设计、建造、运行和管理的秦山核电站就是很好的一个例子。

核电站

1 关键（guān jiàn）

[名词] 比喻事物最关紧要的部分；对情况起决定作用的因素。（key）
这才是问题的关键。

2 装置（zhuāng zhì）

[名词] 机器、仪器和设备中结构复杂并具有某种独立功用的物件。
（installation；unit device）
这种装置能节约更多的水。
[动词] 安装配置。（bring benefit to；benefit）
取暖设备已经装置好了。

3 吸收（xī shōu）

[动词] 物体把外界物质吸到内部。（absorb）
海绵很快将水分吸收。

4 安全（ān quán）

[形容词] 无危险；没有威胁；不出事故（safe）
这里安全吗？

5 实用（shí yòng）

[形容词] 有实际使用价值的。（practicable）
这些工具看上去很简单，但却很实用。

6 便利（biàn lì）

[形容词] 方便顺利的。（convenient）
邮局在附近，寄信很便利。

7 下风（xià fēng）

[形容词] 风所吹向的那个方向。（leeward）
不要在下风的方向救火，那太危险了。

8 自行（zì xíng）

[副词] 自己实行；自己处理（by oneself）
住宿问题自行解决。

1 原子核
原子的中心部分，由质子和中子组成。

2 反应堆
在其中引发并控制裂变材料的链式反应的装置。

3 核裂变
由重的原子核分裂成两个或多个质量较小的原子的一种核反应形式。

4 核燃料
可在核反应堆中通过核裂变或核聚变产生实用核能的材料。

5 冷却剂
使物体的温度降低的材料。

6 蒸汽发生器
利用燃料或其他能源的热能把水加热成为热水或蒸汽的机械设备。

7 涡轮机
利用流体冲击叶轮转动而产生动力的发动机。

8 地震活动带
地震集中分布的地带。

句 子

1 水将核裂变时释放的大量能量吸收，变成高温高压的水，然后这部分"热水"沿着管道进入蒸汽发生器，变成蒸汽推动涡轮机旋转，进而带动发电机进行发电。

2 为了保证核电站的安全性、实用性和经济性，在选址时需要慎重。

3 由于核电站需要大量的冷却水，因此核电站应该建在取水便利的区域，比如海边或较大的江河湖泊附近。

学一学

学习课文中的表达范例

语法项目	重点词语或结构	例句
A把B动词+作C	汉语中常用这一结构表示"A认为B是C"的含义，其中，动词常用"叫、看、当、比"等，口语中"作"也可以用"成"来代替	人们常把核能发电过程比作"烧热水"
		她把朋友当作自己的镜子
		中国人把长城看作中国的象征
介词	顺（着）/（沿着）+名词（短语）	这部分"热水"沿着管道进入蒸汽发生器，变成蒸汽推动涡轮机旋转
		沿着这条路一直往前走，你就能看到它了
		泪水顺着她的脸庞滑落下来
另外	连词，用来链接相互有关系的句子或段落，有补充或转换到另一个相关话题的作用	另外，为了保证核电站的安全性，实用性和经济性，在选址时需要慎重
		今天的作业就是这些。另外，请大家不要忘记明天的测试
		另外，我想补充几点意见

练 习

一、用课文中出现的词语填空。

1.核电站最_____的点在于_____，因为它是进行_____的_____。在反应堆内用铀作为核燃料，水作为_____。

2.为了保证核电站的_____性、_____性和_____性，在选址时需要慎重。

3.水将核裂变时_____的大量能量_____，变成高温高压的水，然后这部分"热水"沿着管道进入_____，变成蒸汽推动_____旋转，进而带动_____进行发电。

二、根据拼音写出汉字。

shì fàng   guān jiàn   shí yòng   biàn lì

xià fēng   zì xíng   zhuāng zhì   xī shōu

三、补充句子。

1. 由于核电站需要大量的_____，因此核电站应该建在_____的区域，比如海边或较大的_____附近。

2. 为了_____对人们生活的影响，核电站应选在_____居民点或住宅的_____地区。

3. 由中国_____设计，建造，_____和管理的_____核电站就是很好的一个例子。

四、回答问题。

1.核能发电需要的设备有哪些?

2.核电站选址时需要注意哪些方面?

拓展学习

知识补给站

    1970年8月30日，在四川大山深处，我国第一代核动力陆上模式堆实现满功率运行，实现我国首次核能发电，如今，我国已经掌握完全自主知识产权的三代核电技术，"华龙一号"成为"国家名片"。

·阅读 1

为什么大力发展核电？

电是人们生活不可或缺的一部分。如今，在中国，电力供应充足，为什么国家还要大力发展核电呢？首先，中国现阶段主要还是煤炭发电，但是煤炭燃烧时产生二氧化碳等气体，会加重温室效应和酸雨等现象，对环境造成了很大的伤害。再者，虽然中国煤炭资源十分丰富，但是它是不可再生资源，存在很大弊端。相比之下，核能是一种清洁能源，不会排放出二氧化硫、氮氧化物、二氧化碳等污染物，能够保护环境，减少雾霾的形成，同时无须考虑再生的问题。

为了发挥核能优势，提高核电站安全性，人们做了很多预防性措施，比如，在核废料的处理方面，中国发明了"启明星二号"，能够对核废料二次利用变废为宝，而中国的两种自主三代核电技术——"华龙一号"和"国和一号"满足了中国和国际最新核安全法规标准的要求，具有很高的安全性和技术先进性。

核电站

秦山核电站

　　秦山位于中国浙江省嘉兴市海盐县，濒临东海杭州湾，这里有建造核电站的天然优势。秦山基岩稳定性好，承载力强，地质稳定，地震烈度低，无不良地质条件。杭州湾海水可以为核电站提供充足的冷却水，取水便利，并且为温排水和微量放射性废水排放创造良好的稀释条件。将主厂房建在基岩上，背靠山体，使之于附近居民点有山体这道天然的屏障，有利于大气流通扩散，减少对附近居民生活的影响。

　　秦山核电站是中国自行设计、建造、运行和管理的第一座30万千瓦压水堆核电站。它于1991年12月15日成功并网发电，结束了中华人民共和国42年无核电的历史，实现了中国大陆核电零的突破，使中国成为世界上第七个有能力设计和建造核电站的国家。秦山核电站运行至今，安全发电30年，累计发电超6900亿千瓦时。

核电站

浙江乌镇

　　说起江南水乡，总能在脑海中勾勒出小桥流水的模样。在众多的江南水乡中，有这么一个小镇，在这里，过去和现代的元素得以完美的呈现，这就是乌镇，乌

浙江乌镇

镇地处浙江省桐乡市北端，具有6000多年的历史。

这里水网密布，田陌纵横，这里商贾云集，富甲一方，这里流淌着锦绣江南的繁华，这里演绎着古典中国的雅致。走进乌镇，你立刻就会感受到一股浓郁的中国水墨气息，白墙黛瓦，小桥流水，仿佛是一幅绝美的山水画置于眼前，让人们不自觉地沉浸在这个江南古镇古老而温润的感觉中，愿意放慢脚步去享受这里的宁静与古朴。而世界互联网大会的召开为如今的乌镇增添了一层华丽的外衣，大会的举办让来自各界的精英们齐聚在这里，向世界发出乌镇的声音，也让乌镇跨入了世界性地标的行列。

第7课 视频

第7课 听力

LESSON 8

第 8 课
怎样利用风力发电

💡 **想一想**

1. 你知道的新能源有哪些？

2. 你知道风力发电的原理吗？

3. 在你的国家最大的风力发电站在哪里？

📖 **做一做**

选择对应的图片。

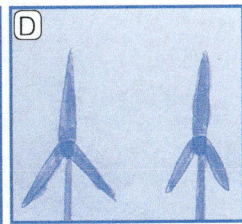

①蓄电瓶_____　②风能_____　③动能_____

④叶片_____　⑤塔架_____　⑥风机_____

📖 课　文

风力发电正在被人们广泛使用，风力发电的原理是风力发电机的
叶片被风吹动产生旋转，旋转的叶片带动发电机发电。

风力发电机由风轮、增速齿轮箱、发电机、偏航系统、塔架等部
件组成。风轮由叶片和轮毂组成，叶片接受风力使风轮转动产生机
械能，由发电机把机械能转化为电能；在风力不够大的时候，增速齿

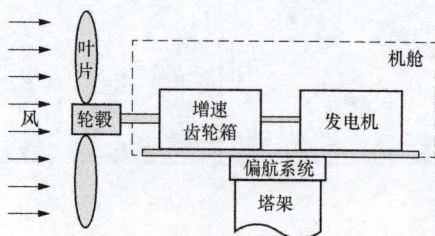

风力发电机

轮箱可以提高风轮转动的速度；由于风向不断变化，偏航系统可以使叶片始终对着来风的方向，获得（huò dé）最大的风能（fēng néng）从而稳定高效（gāo xiào）的发电。风轮、增速齿轮箱、发电机、偏航系统都安装在机舱上，机舱由高大的塔架举起。

由于风速、风向的不确定性，风力发电机发出来的电只有13～25伏，而人们生活工作中用的电通常为110伏或220伏，因此风力发电机发的电必须经过变流（biàn liú），经过变流的电就可以输送（shū sòng）给用户使用了。

因为风力发电不需要燃料（rán liào），也不会产生辐射（fú shè）或空气污染（wū rǎn），所以风力发电在欧洲一些国家掀起一股热潮（gǔ rè cháo），中国西部地区也在大力提倡（tí chàng）。

13～25伏电流

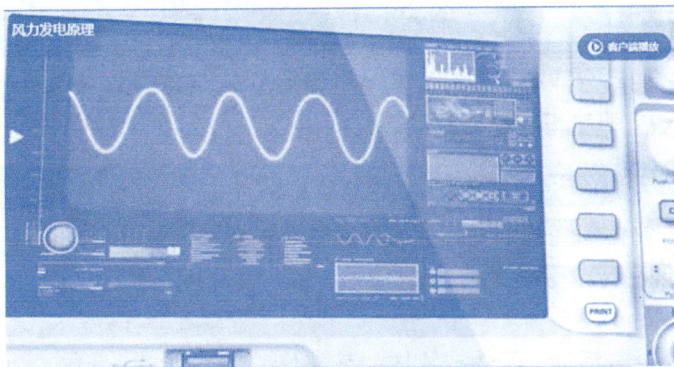

110～220伏电流

中国新疆维吾尔自治区"达坂城百里风区"是著名的风力发电场，也是国内首个大型风力发电场。

风力发电网

生　词

1　原理（yuán lǐ）

［名词］　具有普遍意义的最基本的规律。（principle）
人们根据萤火虫发光原理，发明了既省电又明亮的日光灯。

2　驱动（qū dòng）

［动词］　用动力推动；带动；发动机驱动吊车。（drive）
游艇一般靠帆航行或动力驱动。

3　转动（zhuàn dòng）

［动词］　物体围绕某个中心点或某条轴线进行圆周运动。（turn）
那轮子现在转动得很灵活。

（zhuǎn dòng）

［动词］　转身活动；身体或物体的某部分自由活动。（turn）
她的眼珠转动得很灵活。

4 转化（zhuǎn huà）

[动词] 转弯；改变。（transform）
我接受这个挑战。

5 获得（huò dé）

[动词] 取得；得到。（gain）
这次考试安娜获得了最高分。

6 高效（gāo xiào）

[名词] 效率高。（highly efficient）
电子改卷是一种高效的方法，受到老师们的欢迎。

7 输送（shū sòng）

[动词] 由一地送到另一地；运送。（transport）
石油可以通过输油管远距离输送。

8 燃料（rán liào）

[名词] 可供燃烧的物质，如煤、炭、木材、煤气等。（fuel）
露营时，我们以木炭当燃料来烹煮食物。

9 辐射（fú shè）

[动词] 从中心向各个方向沿着直线伸展出去，形状像车辐。热的传播方式的一种，从热源沿直线向四周发射出去；光线、无线电波等电磁波的传播。（radiate）
巴黎凯旋门周围的街道，由广场中心向四周辐射。
电灯的光芒从天花板上辐射下来。

10 热潮（rè cháo）

[名词] 形容蓬勃发展、热火朝天的形势。（upsurge）
现在世界上掀起了一股学习汉语的热潮。

11 提倡（tí chàng）

[动词] 说明某种事物的优点，鼓励大家附和或效仿。（advocate）
我国传统提倡道义之交，反对见利忘义。

1 叶片
有轮轴的机械中，形状像叶子部件零件。

2 发电机
是将其他形式的能源转换成电能的机械设备。

3 风轮
风轮是风力发电机组的能量转换装置，它的作用是将风能转换为机械能，利用风轮的转动，带动发电机发电。风轮是风力机的重要构件，主要由叶片、叶柄、轮毂三部分组成。

4 风能
由于空气运动产生的能量。属于可再生、清洁干净的能源。风能的利用受到地理条件的限制，风速较大、风向稳定、变幅较小的风更宜于风力发电站发电。

5 变流
是一种电能变换的技术，可能是直流电和交流电之间的转换，也可能是电压及电流的调整，或是两者都有。

句 子

1
风力发电的原理是风力发电机的叶片被风吹动产生旋转，旋转的叶片使发电机发电。

2
因为风力发电不需要燃料，也不会产生辐射或空气污染。

3
由于风向不断变化，偏航系统可以使叶片始终对着来风的方向，获得最大的风能从而稳定高效地发电。

🖥 学一学

学习课文中的表达范例

语法项目	重点词语或结构	例句
被字句	N1 + 被 + N2 + V 被动者+被+主动者+动作部分	葡萄被我吃完了
		小树被大风刮倒了
		太阳被乌云遮住了
连词"或"	表示选择或列举	你想喝咖啡或茶么
		世界上有三种人，或是你爱的人，或是爱你的人，或是陌生人
连词"从而"	表示结果或进一步的行动	名医们对他的病进行了会诊，从而查明了病因

✍ 练 习

一、用课文中出现的词语填空。

1.风力发电正在被人们广泛使用，风力发电的_____是风力发电机的叶片被风_____产生_____，旋转的叶片使_____发电。

2.风轮由叶片和轮毂组成，叶片接受风力使风轮_____产生机械能，由发电机把机械能_____为电能；在风力不够大的时候，增速齿轮箱可以提高风轮转动的速度。

3.因为风力发电不需要_____，也不会产生_____或空气_____。所以风力发电在欧洲一些国家掀起一股_____，我国西部地区也在大力_____。

二、根据拼音写出汉字。

yuán lǐ   zhuàn dòng   shū sòng   xuán zhuǎn

huò dé   wū rǎn   tí chàng

三、补充句子。

1.风力发电的原理是风力发电机的叶片被风吹动产生旋转，＿＿＿＿＿＿＿＿＿＿。

2.风轮、增速齿轮箱、发电机、偏航系统都安装在机舱上，＿＿＿＿＿＿＿＿。

3.而人们生活工作中用的电通常为110伏或220伏＿＿＿＿＿，而经过变流的电就可以输送给用户使用了。

四、回答问题。

1.风力发电需要的设备有哪些？

2.风力发出来的电可以直接输送给用户使用吗？为什么？

📰　**拓展学习**

知识补给站

      风是没有污染的能源之一。它取之不尽，用之不竭。对于缺水、缺燃料和交通不便的沿海岛屿、草区牧区、山区和高原地带，非常适合因地制宜地利用风力发电。

拓展阅读

·阅读 1

风电小知识

中国风能资源丰富，可开发利用的风能储量约10亿千瓦，其中，陆地上风能储量约2.53亿千瓦（陆地上离地10米高度资料计算），海上可开发和利用的风能储量约7.5亿千瓦，共计10亿千瓦。

风力发电所需要的装置，称作风力发电机组。这种风力发电机组，大体上可分风轮（包括尾舵）、发电机和塔筒三部分。大型风力发电机基本上没有尾舵，一般只有小型（包括家用型）才会配有尾舵。尽管风力发电机多种多样，但归纳起来可分为两类：①水平轴风力发电机，风轮的旋转轴与风向平行；②垂直轴风力发电机，风轮的旋转轴垂直于地面或者气流方向。

一般说来，三级风就有利用的价值。但从经济合理的角度出发，风速大于每秒4米才适宜于发电。据测定，一台55千瓦的风力发电机组，当风速为每秒9.5米时，机组的输出功率为55千瓦；当风速每秒8米时，功率为38千瓦；风速每秒6米时，

海上风电场

只有16千瓦；而风速每秒5米时，仅为9.5千瓦。可见风力越大，经济效益也越大。

· 阅读 2

新疆的舞蹈和花帽

辽阔的新疆地区素有"歌舞之乡"的美誉，它的歌舞艺术绚丽多彩。历史上的新疆人民伴随着他们的游牧生活创造了独具特色的舞蹈形式。新疆维吾尔民间舞蹈开朗，奔放，有时也很幽默，舞蹈造型优美，挺拔，舞蹈中通过丰富多变的头部动作和手腕动作，以及传神的眼神使舞蹈风格浓郁，别具一格。

花帽是维吾尔族的特色之一。花帽面分作四瓣，多用棉布做里，因为棉布柔软、温暖且吸汗。新疆当地产的长绒棉，因为更柔软、更保暖、更耐用而享誉国内外，是制作帽里的最佳材料。他们戴花帽很有讲究，不同年龄，不同场合，要戴不同的花帽。男性老年人一般都戴巴旦姆花帽和吐鲁番花帽等。巴旦姆花帽是用巴旦木杏核变形和添加花纹的一种图案，其纹样姿态丰富多样，多是黑底白花，感觉庄重、古朴、大方。吐鲁番花帽的特点是花大底空小，而且颜色火红鲜艳、艳丽夺目。姑娘、妇女都很喜欢再尔花帽，即金银线盘绣花帽，所绣的花多是立体的，在阳光下熠熠闪耀，给人以华贵端庄之感。伊犁花帽，是流行在伊犁地区的一种大方、雅致，小男孩、小女孩都喜欢的花帽。五瓣花帽，维吾尔语称为"白西塔拉多

新疆花帽图样

帕"。一般的花帽是四瓣拼缝成的，而这种花帽比一般花帽多了一瓣，帽子较小，纹样比较简单。一顶小小花帽不仅表现了这个民族的审美趣味，而且寄托了维吾尔族人民的厚谊，表达了维吾尔人民朴素纯真的美好的感情。

新疆的达坂城

达坂城是新疆维吾尔自治区乌鲁木齐市的一个辖区，位于乌鲁木齐的南郊。达坂城作为首府的东大门，自古就是丝绸之路上的重要驿站，联系南北疆的交通要冲，自汉唐开始，即作为军政要地受到广泛关注，并由此成为丝绸之路新北道的重要经过地。

丝绸之路

达坂城地区处于中温带大陆性气候地区，气候比较凉爽，全年平均气温7度。冬夏冷热悬殊，昼夜温差大，干燥少雨是主要的气候特征。每年风期153～171天，年平均风速6.4米/秒，达坂城区可安装风力发电机的面积达1500平方千米，风能年蕴藏量在250亿千瓦时，风力发电风效标准利用小时数可达3300小时。

在长约80千米，宽约20千米的戈壁滩上是著名的"达坂城百里风区"，数百架银白色风机排成方阵，迎风而立，非常壮观。这就是新疆达坂城风电场，它是中国第一个大型风电场，也是亚洲最大的风力发电站。

达坂城风景

第8课 视频　　　　第8课 听力

LESSON 9

第 9 课
怎样利用太阳能发电

💡 **想一想**

1. 你知道太阳在我们生活中的作用吗？

2. 你知道哪些能源可以发电？

3. 说一说太阳能发电的优点。

📖 **做一做**

选择对应的图片。

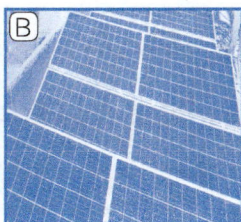

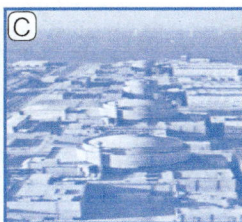

A   B   C   D

①风力发电_____　　②火力发电_____　　③核能发电_____

④水力发电_____　　⑤太阳能发电_____

📖 课　文

太阳能是地球上绝大部分能源之"源",它取之不尽,用之不竭,而且不会对环境产生污染,于是利用太阳能发电,就是更加有效地利用太阳赠送的这份"礼物"。

太阳能发电简单来说就是把太阳辐射的能量转化为另外一种电能。利用太阳能发电有两类方式:一类是太阳能直接发电,将太阳辐射能直接转换成电能,叫作光伏发电;另一类是太阳能间接发电,将太阳能转换为高温热能,从而产生高温高压蒸汽从而推动蒸汽轮机发电,又叫作太阳能光热发电。大家都知道,电是我们生活中必不可少的能源之一,而在化石燃料逐渐减少的背景下,太阳能发电正不知不觉地走近我们的生活。

首先,它是一种不需要铺设电缆,也无需电源开关的设备,例如,自动照亮的太阳能节能路灯，每当夜幕到来时，就会自动亮起来，这种路灯白天接受太阳照射一天，就能为道路提供照明5～6个夜晚；其次，太阳能可以并网发电，太阳能用于并网发电可减少白天高峰时的火力发电量，人们白天可以利用太阳能发电供自己使用；第三，太阳能发电还可以在航标灯塔、铁路公路信号系统、高山气象站、边防哨卡独立电源等领域中发挥特殊作用。

生 词

1 绝（jué）

［副词］极。绝大部分：整体中超过大部分的比例部分，更接近于全部。如按量化标准，绝大部分占整体的95%左右，接近于100%。（extremely）
中国与绝大部分国家都建交了。

2 之（zhī）

［助词］用在定语和中心词之间，组成偏正词组，表示领属关系。
钟鼓之声。（the sound of drums and bells）

3 取之不尽，用之不竭（qǔ zhī bù jìn, yòng zhī bù jié）

［成语］拿不完，用不尽。形容非常丰富。（inexhaustible in supply and always available for use）
水资源并不是取之不尽，用之不竭的，因此我们要珍惜用水。

4 赠送（zèng sòng）

［动词］无偿地把东西送给别人。（give as a present）
生日那天，妈妈赠送给我一份礼物。

5 类（lèi）

［名词］许多相似或相同事物的综合。（kind; type; category）
动物的种类可分为食肉动物和食草动物两大类。

6 从而（cóng ér ）

[连词] 然后；因而。（thus；so then）
毕昇发明了活版印刷，从而使印刷术有了新的突破。

7 必不可少（bì bù kě shǎo）

[成语] 绝对需要的。（absolutely necessary）
春季容易感冒，锻炼身体必不可少。

8 逐渐（zhú jiàn）

[副词] 随时间变化而变化；渐渐。（gradually）
在家人的照料下，爷爷逐渐恢复了健康。

9 不知不觉（bù zhī bù jué）

[成语] 没有意识到；没有觉察到；无意之中。（unconsciously）
老师讲得真吸引人，不知不觉一节课过去了。

10 夜幕（yè mù）

[名词] 夜间，景色迷茫像被一幅幕布罩住一样。（curtain of night）
夜幕降临，商贩们纷纷收摊回家了。

11 到来（dào lái）

[动词] 到。（arrival）
很多人正在等待火车的到来。

12 自动（zì dòng）

[形容词] 不用人力而用机械装置直接操作的。（automatic）
你是想买手动挡汽车还是自动挡汽车？

13 照明（zhào míng）

[动词] 用灯光照亮。（lighting）
这间电影院的照明设备很好。

14 夜晚（yè wǎn）

[名词] 晚上；天黑之后。（night）
乡村的夜晚非常宁静。

15 特殊（tè shū）

[名词] 不同于一般的（particular）
少数民族有一些特殊的民族习惯。

1 辐射能
热辐射或各种电磁波的能量，通常指可见光和红外线、紫外线的能。

2 光伏发电
利用半导体界面的光生伏特效应而将光能直接转变为电能的一种技术。

3 蒸汽
水加热到沸点所变成的水汽；气态的水。

4 化石燃料
可燃性的矿物。如煤炭、石油等。

5 电缆
装有绝缘层和保护外皮的导线，由多股彼此绝缘的导线组合而成。常常架在空中或装在地下、水底，用于电讯或电力输送。

6 并网发电
并网发电是指发电机组的输电线路与输电网接通（开始向外输电）。

7 火力发电
利用煤、石油、天然气等燃料燃烧发电的形式。

8 气象站
取得、记录和报告气象观测的台站。

9 边防哨卡
在边境或交通要道上设置的哨所。

句　子

1 太阳能是地球上大部分能源之"源"，它取之不尽，用之不竭，而且不会对环境产生污染，于是利用太阳能发电，就是更加有效地利用这份太阳赠送的"礼物"。

2 首先，它是一种不需要铺设电缆、也无需电源开关的设备，例如，自动照
亮的太阳能节能路灯，每当夜幕到来，就会亮起来。

学一学

学习课文中的表达范例

语法项目	重点词语或结构	例句
承接复句	……，于是……； ……，就……； ……，便……	她喝了杯咖啡，听了首歌曲，于是高兴地走了
		他一下班就匆匆忙忙地回家
		司机停下车，乘客们便下车了
简单趋向 补语	V+来	老师进来了
		玛丽下来了
	V+去	老师出去了
		大卫上去了
复合趋向 补语	V+上来 （下去/起来/过来）	小狗爬上来了
		他走下去了
		汤姆笑起来了
		妹妹走过来了

练 习

一、用课文中出现的词语填空。

1.太阳能是地球上_____大部分能源之"源"，它_____，_____，
而且不会对环境产生_____。

2.太阳光直接发电，将太阳_____直接转换成电能，叫作光伏发电。

3.首先，它是一种不需要铺设_____，也无需电源开关的设备，例如，自动照亮的太阳能节能路灯，每当_____、_____时，就会亮起来。

二、根据拼音写出汉字。

zèng sòng　　　　cóng ér　　　　　bì bù kě shǎo　　　zì dòng

zhú jiàn　　　　　bù zhī bù jué　　　yè mù　　　　　dào lái

三、补充句子。

1.而利用太阳能发电，就是更加有效地利用这份_____。

2 太阳能直接发电，_____，叫作光伏发电。

3.例如自动照亮的节能太阳能路灯，_____，就会自动亮起。

四、回答问题。

1.太阳能发电有几类方式？

2.太阳能发电都能用在哪里？

📑 拓展学习

知识补给站

　　太阳能利用技术分为有源（主动式）和无源（被动式）两种。有源（主动式）技术是人们利用电力机械设备收集太阳能，而这些设备是依靠外部能源运作，因此称为有源技术。无源（被动式）技术是人们利用建筑物的设计、选择所使用的物料等达到利用太阳能的目的，由于其中的运作无需由外部机器提供能源，因此称为无源技术。

拓展阅读

· 阅读 1

太阳能风能水下打捞机器人

太阳能风能水下打捞机器人由 双体无人船和水下打捞机器人组成，具有结构新颖、运输方便、使用便捷的特点。

太阳能风能水下打捞机器人采用太阳能风能混合能源，是绿色环保型产品，不会对打捞水域产生污染。它能在0.3～100米水深范围内巡航，甚至适用于水草茂密的滩涂、湿地，这是大型打捞船队无法实现的。它能连续打捞10千克以内水下小型物体，完成水下标本采集、水下物证搜寻、水下遗物捞取等任务。

这种机器人晴天利用太阳能发电，风雨天利用风力发电。蓄电池充满电后，可

太阳能风能水下打捞机器人

以连续供电12小时，以巡航速度1.5千米每小时计算，最大连续巡航距离18千米，可以环绕20平方千米的水域一圈。太阳能风能水下打捞机器人将在交通、海事、公安、水利、水产、环保等领域发挥重要作用。

· 阅读2

太阳能屋顶

利用建筑物的设计及太阳能无源技术建造太阳能屋顶，充分利用太阳能进行发电，达到节能减排目标。

"屋顶计划"

面对迫在眉睫的能源危机，太阳能因其清洁、高效和永不衰竭的特点受到了世界各国能源专家的青睐，并被人们称为"黄金电"。在没有油田煤矿的城市的屋顶，每天只要有阳光，每个屋顶都可以建造一个小型的绿色发电厂；把一座城市的大小屋顶、建筑立面联合起来，可建成一座巨型"发电厂"。以十万个屋顶（约300万平方米）为例，为其安装太阳能屋顶，每年至少能发电4.3亿千瓦时。

在上海，不久前提出了一种试验型的太阳能住宅建筑，它的雏形是一幢"魔幻小屋"。这种小屋的屋顶上有个"大天窗"，左侧"天窗"是太阳能电池方阵，右侧

太阳能屋顶

就是太阳能集热器方阵。这是一种与建筑融为一体的太阳能集热器，改变传统集热
管的"粗犷形象"，平面设计，轻薄光滑，与现代屋顶结合得严丝合缝。

· 阅读3

美丽的青藏高原

青藏高原是我国最大的高原，也是世界平均海拔最高的高原，位于中国的西
南部。

青藏高原美景

进入青藏高原，你不仅会感叹高原的蓝天、白云、湖泊（hú bó）、草地、雪山的清爽（qīngshuāng）和纯洁（chún jié），而且还会感受到这里让人心旷神怡（xīn kuàngshén yí）的美景（měi jǐng）带个你的温暖和平静。

青藏高原动物种类多，有国家一级保护动物藏羚羊（zàng líng yáng）、白唇鹿（bái chún lù）、野牦牛（yě máo niú）、雪豹（bào）、云豹、藏野驴等；国家二级保护动物马鹿、马麝（mǎ shè）、岩羊（yán yáng）、白腹绵鸡（bái fù mián jī）、雉鸡（zhì jī）等。植物种类因高原气候分布呈（chéng）多样性。

野牦牛

第9课　视频　　　　第9课　听力

LESSON 10

第 10 课
风光发电与储能技术

💡 想一想

1. 为什么常常会进行风力和光伏互补发电？

2. 你知道风力和光伏发电的原理吗？

3. 在你的国家最常见的风光发电应用在哪里？

📖 做一做

选择对应的图片。

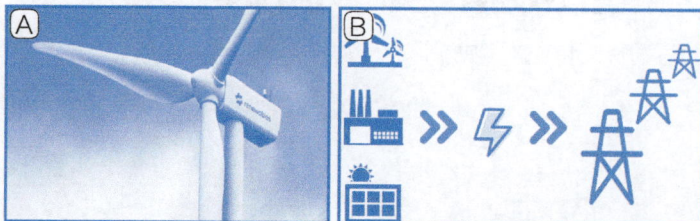

①风力发电机_____　②波动_____　③光伏电站_____

④火电厂_____　⑤水电厂_____　⑥上网_____

📖 课　文

风能和太阳能因为储量丰富、获取方便和无污染等特点被广泛利用。

风能发出的电在没有水电或火电供应的地方，可以大显身手（dà xiǎn shēnshǒu）。因此，中国制造的各种大型风力发电机，在远离电网的海岸、岛屿（dǎo yǔ）、高山、草原备受青睐（bèi shòuqīng lài）。太阳能更是无处不在，只要有光照的地方就可以进行太阳能发电。一般来说，为了提高发电量，太阳能光伏（guāng fú）电站多建在光照强烈并且少雨的地区。

风能和太阳能发电在时间和地域（dì yù）上有很强的互补性和匹配（pǐ pèi）性，"风光"发电也是目前常用的发电系统，我们也称这类发电系统为"风光互补发电"。但风光发电系统受外界影响较大，发电量和电压波动（bō dòng）也

风光发电

比较大，所以在电力系统中储能技术和设备应用非常重要。

　　简单来说，"储能"就是把"富余"的电"储存起来"。今后要想实现风光发电大规模平滑上网必须配套储能电站，因此发展集风光发电、储能系统、智能输电于一体的新能源发电站（简称"风光储"）为现代电力系统发展所需。

风光发电

1 大显身手（dà xiǎn shēn shǒu）

[成语] 显：表现、显露。身手：武艺，指本领。形容充分展示自己的本领。（display one's skill to the full；bring one's talents into full play）

小伙子们在足球场上大显身手。

2 岛屿（dǎo yǔ）

[名词] 岛的总称（岛大，屿小）。（islands and islets）

这些岛屿非常漂亮。

3 备受青睐（bèi shòu qīng lài）

[成语] 备：完全。青睐：比喻对人的喜爱或重视。备受青睐：非常受重视或欣赏喜爱。（favored）

这部电视剧备受青睐。

4 光伏（guāng fú）

[名词] 即光伏发电，利用半导体材料的光伏效应，将太阳辐射能转化为电能。（photovoltaic generation system；photovoltaic）

光伏发电系统分为独立光伏系统和并网光伏系统。

5 地域（dì yù）

[名词] 一定的地域空间；地方。（region；local）

我们的国家地域辽阔，物产丰富。

6 匹配（pǐ pèi）

[动词] （无线电元器件等）配合，搭配。（matching）

这篇文章讲的是动力传动系统的优化匹配。

7 波动（bō dòng）

[动词] 起伏不定；不稳定。（undulate；fluctuate）

水灾是导致物价剧烈波动的主要因素。

8 平滑（píng huá）

[名词] 平整光滑。（level and smooth；smooth）

它们都有非常平滑的表面。

9 智能 (zhì néng)

[名词] 智慧和能力。(intelligence and ability)
我们能够创造出超人类智能的机器人吗?
[形容词] 具有人的某些智慧和能力的。(smart)
这款手机很智能的。

专业词汇

1 水电
本课中指利用水力发的电。

2 火电
利用煤、石油、天然气等固体、液体燃料燃烧所产生的热能转换为动能以生产电能。

3 风力发电机
风力发电机是将风能转换为机械功,机械功带动转子旋转,最终输出交流电的电力设备。

4 电网
电力网,电力系统中各种电压的变电站及输配电线路组成的整体;它包含变电、输电、配电三个单元。电力网的任务是输送与分配电能,改变电压。

5 储能
通过介质或设备把能量存储起来,在需要时再释放的过程。

6 上网
(电)接入电网。

句 子

1 风能和太阳能因为储量丰富、获取方便和无污染等特点被广泛利用。

2 风能发出的电在没有水电或火电供应的地方，可以大显身手。

3 因此发展集风光发电、储能系统、智能输电于一体的新能源发电站（简称"风光储"）为现代电力系统发展所需。

学一学

学习课文中的表达范例

语法项目	重点词语或结构	例句
条件复句	只要……，就……	只要有光照的地方就可以进行太阳能发电
		只要周末天气好，我们就去野餐
		只要不下雨，就不会有问题
固定短语	一般来说	一般来说，为了提高发电量，太阳能光伏电站多建在光照强烈并且少雨的地区
		一般来说，这么重要的场合他是不会迟到的
		一般来说，老年人的生活经验更丰富
兼语句（称谓、认定义）	S+叫/称（呼）/说+A+为/当/是+B	人们都称呼他为"老愚公"
		老师们都说他是好学生
		我们也称这类发电系统为"风光互补发电"

练习

一、用课文中出现的词语填空。

1.风能和太阳能因为_____丰富、获取方便和_____等特点被_____

利用。

2.为了提高_____，太阳能_____电站多建在光照_____并且_____的地区。

3.风光发电受外界_____较大，发电量和电压_____也比较大，所以在电力系统中_____技术和_____应用非常重要。

二、根据拼音写出汉字。

dǎo yǔ   bèi shòu qīng lài   dà xiǎn shēn shǒu

pǐ pèi   dì yù   chǔ néng   zhì néng

三、补充句子。

1.因此中国制造的各种大型风力发电机，_____、岛屿、高山、草原_____。

2.风能和_____发电在_____和_____上有很强的互补性和_____，"风光"发电也是目前常用的_____。

3.储能就是把_____。

四、回答问题。

1.什么是风光储？

2.中国大型风力发电机经常会建在哪些地方？为什么？

知识补给站

河北省张北县的"风光储"示范工程首创风光储输联合发电全景检测与综合控制系统，可进行"风、光、储、充＋光、风＋储、光＋储、风＋光＋储"6种组态有序出力，实现了风储、光储和风光储联合等多种发电运行方式自动组态、智能优化和平滑切换。

拓展阅读

·阅读 1

张北的风点亮北京的灯

张北的一场风，可以从春刮到冬。张北县距张家口市区45千米，与张家口市区的最大海拔落差达1000米以上，地理位置高低形成的悬殊温差导致空气在这里形成强对流。这里丰富的风、光自然资源优势让绿色能源供得上、送得出、用得好。巨量的风能和太阳能转化为电能，通过电网，这些能量不断输送到北京等地。

光伏阵列

位于河北省张北县的国家风光储输示范工程，是世界上规模最大的集风力发电、光伏发电、储能系统、智能输电于一体的新能源示范电站。风光储输示范工程自2011年投运以来，已安全稳定运行多年，累计向北京和雄安新区输出优质、安全、绿色电能超过几十亿千瓦时。试验示范效应显著、集成创新亮点十足。张北柔性直流电网试验示范工程项目，作为北京冬奥会清洁能源配套项目之一，成功将张家口上百家风电场、数千家光伏电站连成一个整体，并成功"上网"，实现了绿电的全部接入、消纳和输送。

光储充一体化成为一种新兴的发展趋势，它的优势在于：充足性、清洁性、独立性、和平性。张北国家风光储输示范工程正在利用本身的各种优势，电力产业新能源建设提供新的活力。

风力发电

· 阅读2

福地河北

河北省，简称"冀"，省会石家庄，因为环抱首都北京，被称为"京畿"。他是中国唯一拥有高原、山地、丘陵、平原、湖泊和海滨的省份。

在中国的境内，河北省是独一无二的存在。在这里可以体会春的和煦(hé xù)、夏的热烈、秋的高爽(shuǎng)、冬的寒冷；在这里，可以感受到高原刚劲(gāng jìng)的风，山顶壮观的景，丘陵连绵(lián mián)的路，平原肥沃(féi wò)的土，湖泊温润(wēn rùn)的水和大海澎湃(pēng pài)的波浪。

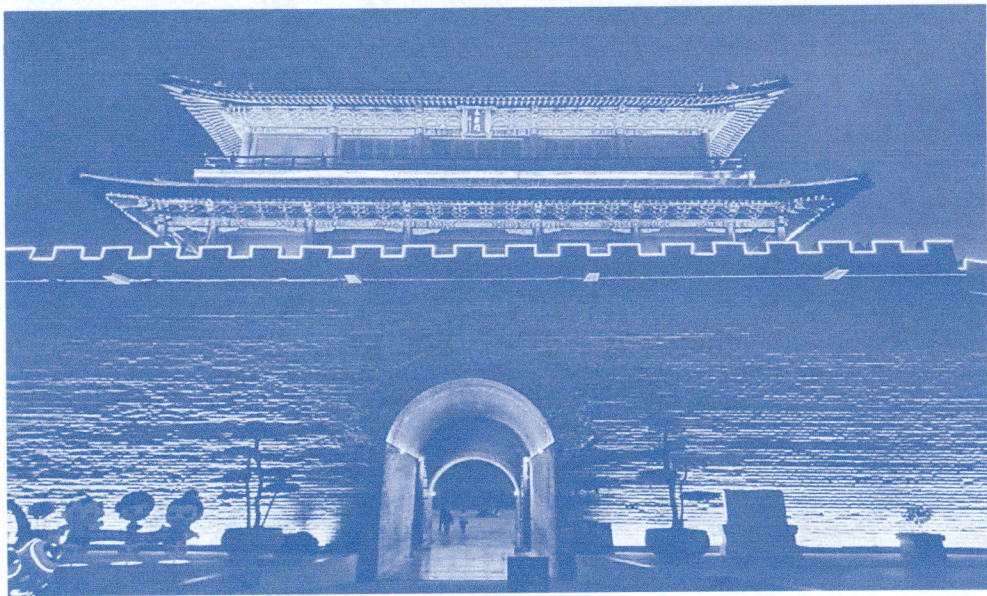

河北正定古城

所有的这些特殊性，使得河北自然资源非常丰富。脊椎(jǐ zhuī)动物500多种，植物2800多种，水资源、矿产资源、地热资源等也非常有优势；最值得一提的是太阳能和风能资源总量都位居全国第三，所以在河北省建立了中国首个国家风光储输示范工程。

因自元朝起，就紧邻首都，河北省作为华夏文明的重要发祥地，经过数千年的积淀，形成了丰富、独特的文化。拥有长城、避暑(bì shǔ)山庄及其周围庙宇、清东陵、清西陵(líng)等世界文化遗产(yí chǎn)；省级以上文物保护单位900多处，是全国第一；世界最古老的敞肩(chǎng jiān)石拱桥——赵州桥，距今已有1400多年的历史，被誉(yù)为"世界拱桥之祖"。

辉煌(huī huáng)的历史，是河北省的昨天；奋进开拓(kāi tuò)，是河北省的今天；我们想一想，河北省的明天会是怎样的美好？

长城的故事

长城，是中国古代的军事防御工事。总长超过2.1万千米，主要分布在河北、北京、天津等15个省区市以及自治区。

长城

自西周时期开始，长城就不断被修筑了2000多年。秦始皇统一六国后，为了维护和巩固国家统一，就大规模修建长城，从那以后就有了"万里长城"的称呼。位于河北境内的山海关角山长城段，共有两种长城墩，一种是骑墙墩台，称为敌台，另一种是单独墩台成为烟墩，也叫"烽火台"。

烽火台在古代战争中的作用是侦察敌情和通报敌情，关于烽火台有一个"烽火戏诸侯"的故事，说的是西周末年的真实事件：周幽王有个爱妃名叫褒姒，长得非常美丽，但是从来不笑。为了让褒姒笑一笑，周幽王带着她登上烽火台，命令点起烽火，附近的诸侯看见烽火以为有敌人来攻城，就领兵赶到城下。当褒姒看到大家汗流浃背，但又怒不敢言的样子，果然笑了。后来真的有敌人进攻，再点起烽火时，大家都不相信，再也没有援兵赶到了。这个典故说明了长城的军事功能。

说起长城，人们总会想到"孟姜女"。"孟姜女"是一个悲伤的传说。秦始皇使用了近百万劳动力修筑长城，占当时全国总人口的二十分之一，所以很多的青年男子都被抓去修长城，孟姜女的丈夫也在其中。可是很多年过去了却总不见丈夫回家，孟姜女就来到长城寻找丈夫，得到的却是丈夫去世的消息，她伤心大哭，哭声把长城震裂了，露出了丈夫的尸体。这个故事说明了当时修长城付出了很大的代价。

现在长城已经失去了军事作用，变成了一道风景。但是在中华民族多元文化形成和发展中的贡献，至今都还在产生着作用。

第10课　视频

第10课　听力

LESSON 11

第11课
太阳能电池的用途

💡 **想一想**

1. 你知道的电池有哪些？

2. 你知道太阳能电池发电的原理吗？

3. 你知道太阳能电池都用在哪里？

📖 **做一做**

选择对应的图片。

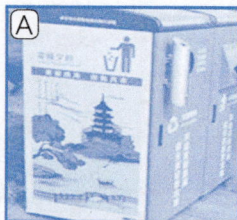

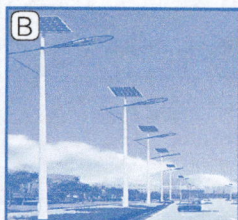

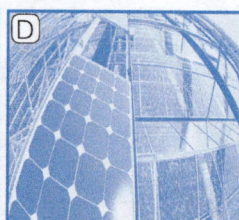

①太阳能路灯_____　②太阳能垃圾桶_____

③太阳能屋顶_____　④太阳能杀虫灯_____

太阳能电池，也叫作"光电池"或"太阳能芯片"，是一种将光能转化为电能的装置，太阳能电池能够直接将太阳光能转化为电能。

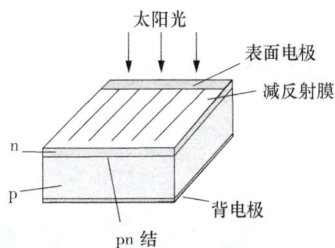

太阳能电池板

太阳能电池寿命长，只要太阳存在，太阳能电池就可以一次投资而长期使用。太阳能电池目前主要使用的是硅太阳能电池，硅太阳能电池是以硅半导体材料制作。

金属栅线作为表面电极，背面也制作金属膜作为背电极，这样就形成了太阳能电池板。为了减少光的发射损失，会在太阳能电池板表面覆盖一层减反射膜。

太阳能电池

太阳能电池不仅广泛应用于航空航天、交通、通信、建筑领域，如高原、海岛、牧区等供电不方便的地方，而且还广泛应用于人们的日常生活，如：灯具照明、家用电器等。

尤其在航天领域，太阳能电池能够直接将太阳光能转化为电能，在太阳无法照射到的阴影位置，设置蓄电池组与储能装置的太阳能电池，可以保障航天器的正常运行。太阳能汽车也是近几年来广受关注的新能源汽车之一，也被认为是汽车行业内最环保的汽车。中国光伏行业领域最大的薄膜生产企业——汉能，已经设计出了概念车。

太阳能概念车

生 词

1 寿命（shòu mìng）

［名词］ 生命的年限；比喻事物存在或有效使用的期限。（lifespan；lifetime）
珍惜时间就是延长寿命。

2 投资（tóu zī）

［名词］ 投入资金。（money invested）
一次好的投资就是一个成功的开始。

3 **材料**（cái liào）

[名词] 原料；可供制成成品的东西。（material）
工地上堆满了砖瓦、沙石等建筑材料。

4 **背面**（bèi miàn）

[名词] 与正面相反的一面。（the back）
他在邮票的背面涂上胶水。

5 **金属**（jīn shǔ）

[名词] 黄金及其他能导电及导热的物质。如金、银、铜、铁等。（metal）
长笛原来属于木管乐器，后来改用金属制造。

6 **膜**（mó）

[名词] 生物体内部的薄皮形组织。（film）
眼角膜对人们来说很重要。

7 **发射**（fā shè）

[动词] 发出；放出或弹射出；射出。（fire）
中国又发射了一颗人造卫星。

8 **损失**（sǔn shī）

[名词] 损毁丧失。（lose）
每人每天浪费一粒粮食，全国就会造成惊人的损失。

9 **表面**（biǎo miàn）

[名词] 事物的外表；最外层。（broken to pieces）
猕猴桃的表面毛茸茸的。

10 **覆盖**（fù gài）

[动词] 掩覆遮盖。（cover）
南极洲的表面覆盖着厚厚的冰雪。

11 **减**（jiǎn）

[动词] 降低程度。（decrease）
该地区小麦的产量明显减少。

12 **领域**（lǐng yù）

[名词] 一国主权所达之地（territory；domain）；从事一种专门活动或事业的范围、部类或部门（field）
在自然科学领域内，数学是最重要的基础。

13 尤其（yóu qí）

[副词] 表示更进一层。犹：更，格外。（especially；particularly）

14 阴影（yīn yǐng）

[名词] 阴暗的影子。如日光、月光、灯光下的人影及一切物影。（shadow）
面对太阳，阴影将落在你的背后。

15 位置（wèi zhì）

[名词] 所在或所占的地方。（location）
请按指定位置放木料。

16 保障（bǎo zhàng）

[名词] 保护（权利、生命、财产等）；使不受侵害（protect, guarantee）
"一年之季"在于春，春耕搞好了，全年的收成也就有了保障。

17 行业（háng yè）

[名词] 所从事职业的种类，如农、工、商、演艺等行业。（industry）
电力行业是社会经济发展的基础。

18 企业（qǐ yè）

[名词] 从事生产、运输、贸易等经济活动的营利事业。（enterprise）
一个企业的兴衰主要在于经营管理。

专业词汇

1 芯片
包含有许多门电路的集成电路。

2 硅
一种非金属元素，是一种半导体材料，可用于制作半导体器件和集成电路。

3 半导体
导电性能介于金属导体和绝缘体之间的物质，一般是固体（如锗、硅和某些化合物）。

4 电极

电池反应发生的两极。

5 反射膜

将太阳光波反射出去的膜，从而达到隔热效果。

6 蓄电池组

蓄电池组是一种独立可靠的电源，在停电的情况下，仍能保证用电设备可靠而连续地工作，且电压平稳。

7 储能装置

储存电能或其他能源的装置。

8 概念车

一种介于设想和现实之间的汽车。

句 子

1 只要太阳存在，太阳能电池就可以一次投资而长期使用。

2 为了减少光的发射损失，会在太阳能电池板表面覆盖一层减反射膜。

3 太阳能电池不仅广泛应用于航空航天、交通、通信、建筑领域，如高原、海岛、牧区等供电不方便的地方，而且还广泛应用于人们的日常生活。

学一学

学习课文中的表达范例

语法项目	重点词语或结构	例句
目的性状语	为了……	为了解决这一问题，我们认真讨论
		为了了解中国，他开始学习汉语

语法项目	重点词语或结构	例句
递进关联词	不仅……，而且……	我不仅热爱科学，而且热爱文学
		我不仅喜欢中国美食，而且喜欢中国文化
条件关联词	只要……，就……	只要明天不下雨，我们就去春游
		只要你坚持锻炼，身体就会更加健康

练 习

一、用课文中出现的词语填空。

1.太阳能电池_____长，只要太阳存在，太阳能电池就可以一次_____而长期使用。太阳能电池目前主要使用的是硅太阳能电池，硅太阳能电池是以硅半导体_____制作_____栅线作为接触电极。

2.为了减少光的_____，会在太阳能电池板_____覆盖一层_____反射膜。

3.太阳能汽车也是近几年来广受关注的新能源汽车之一，也被认为是汽车_____内最环保的汽车。

二、根据拼音写出汉字。

zhuāng zhì	shòu mìng	tóu zī	cái liào
fā shè	sǔn shī	biǎo miàn	

三、补充句子。

1.太阳能电池_____广泛应用于航空航天、交通、通信、建筑领域，如高原、海岛、牧区等供电不方便的地方，_____还广泛应用于人们的日常生活。

2. _____减少光的发射损失，会在太阳能电池板表面覆盖一层减反射膜。

3. _____太阳存在，太阳能电池_____可以一次投资而长期使用。

四、回答问题。

1.太阳能电池是一种什么装置？

2.太阳能电池的优点是什么？可以用在哪些方面？

拓展学习

知识补给站

单晶硅太阳能电池：转换效率最高，其实验最高转换效率为25%，实际使用转换效率约为18%，使用寿命为15~25年，成本高。在大规模应用和工业生产中仍占据主导地位。

多晶硅太阳能电池：转换效率稍低，其实验最高转换效率为20%，实际使用转换效率约为15%。使用寿命比单晶硅要低，成本低。目前很多光伏厂家已经大量生产多晶硅。

非晶硅太阳能电池：成本低廉，弱光效应好，但转换效率低小于10%，使用寿命短，稳定性差材料易引发光电效率衰退效应，影响它的实际使用。

拓展阅读

· 阅读 1

太阳能电池小知识

太阳能电池又称光电池，当光照射在半导体（bàn dǎo tǐ）上，给半导体中的价电子（jià diàn zǐ）提供能量，使价电子脱离束缚（tuō lí shù fù），从而使电子产生运动，它简单而言是利用光能转换为电能进行发电。由于半导体材料的研究有了进展（jìn zhǎn），所以晶体硅（jīng tǐ guī）电池是目前市场上较多的太阳能电池，因基本材料是半导体，成本较高，薄膜（bó mó）太阳能电池出现了，其制造成本偏低，而且制造方法简单，但是它转换效率（xiào lù）偏低，相同功率（gōng lù）下太阳能电池的安（ān）装（zhuāng）面积增加了；而现在已经研发出了钙钛矿（gài tài kuàng）太阳能电池，其不仅实现了高的转换效率，还实现了低成本，已经成为关注的热点。

单晶硅太阳能电池　　　　多晶硅太阳能电池　　　　钙钛矿太阳能电池

· 阅读 2

太阳能汽车

太阳能汽车是一种靠太阳能来驱动的汽车。相比传统热机驱动（rè jī qū dòng）的汽车，太阳能汽车有可能是零排放（líng pái fàng）。

太阳能汽车使用太阳能电池把光能转化成电能，电能会在储电池中存起备用，用来推动汽车的电动机。由于太阳能车不用燃烧化石燃料，因此不会放出有害物。据估计，如果由太阳能汽车取代燃汽车辆，每辆汽车的二氧化碳排放量可减少43%～54%。

在阳光下，太阳能光伏电池板采集阳光，并产生人们通用的电流，被蓄电池储存并为以后旅行提供动力，或者直接提供给发动机也可以边开边蓄电。

太阳能汽车

· 阅读 3

宁夏的贺兰山

贺兰山，位于宁夏平原和内蒙古阿拉善高原之间，山体横空出世，峰峦叠嶂。贺兰山，历史上著名的"军山"，千百年来，见证着大小战役，始终捍卫着宁夏平原的安宁。今天的它，依然承担着守护"塞上江南"的重任，这就是贺兰山。

贺兰山动植物资源丰富，是干旱区重要的生物资源宝库，植被覆盖度65%，野生植物就达500多种，而且经济价值较高的在100种以上。而主要野生动物岩羊、马鹿等种群的数量也在不断增长。

在贺兰口沟谷两岸的山岩石壁上，还有400幅岩画。这些古代岩画题材，以类人头像为主，约占半数之上，其余的还有马、驴、牛、羊、鹿等图形和狩猎、人

贺兰山

手、人脚印等。画境古朴浑厚，岩画多用利石、金属磨刻凿成，以人面形居多，距
今3000余年，是我国西北一带古代游牧民族创作的，其内容真实地记录了他们的
生活习俗和社会活动的情景，堪称古代少数民族珍贵的艺术宝库。

岩羊

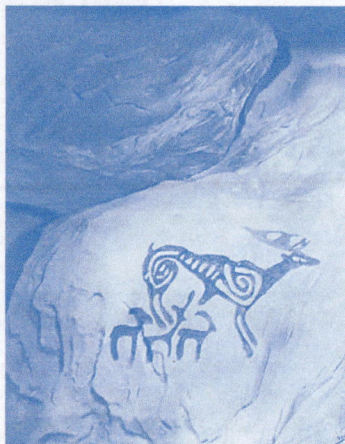

岩画

第11课 视频

第11课 听力

LESSON 12

第12课
新型电池的类型与发展

💡 想一想

1. 你知道电池在我们生活中的作用吗?

2. 说一说生活中接触到的各种电池的优缺点。

3. 说一说对于新型电池的期望。

📖 做一做

说一说下面图中各种电池的异同。

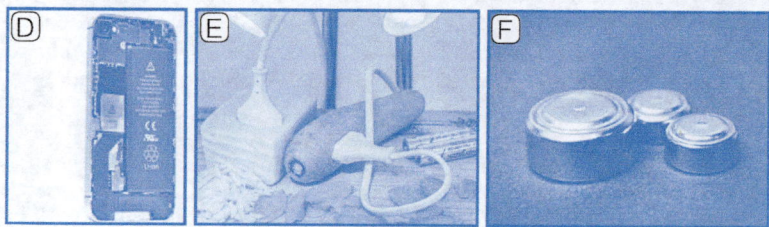

相同之处 _____

不同之处 _____

_____

📖 课 文

近年来，随着人们对可再生能源使用的巨大需求和对环境污染的日益关注（rì yì），储能技术在新一轮能源改革中迎来了新的发展机遇。

作为世界市场上占比最多的电池，锂离子（lǐ lí zǐ）电池广泛应用于新能源汽车和储能领域（lǐng yù）。受限于锂资源分布不均，仅靠锂离子电池储能技术无法彻底（chè dǐ）改变传统能源结构，难以支撑（zhī chēng）电动汽车和电网储能两大产业

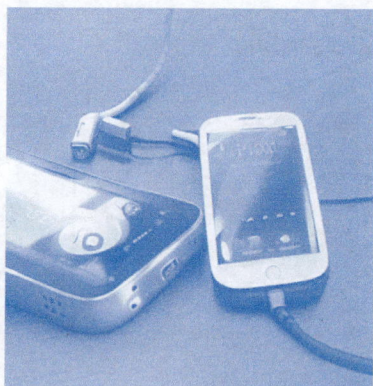

锂电池的应用

的发展，因此研究以非锂金属或其他原料为材料的新型电池也成了各国竞争的焦点。

钠（nà）离子电池具有很强的安全性和高低温性能，适用于对便携（xié）性和移动性要求不高的场所或对能量密度要求不高的场景。

钾离子电池仍处于研究初期，技术突破后即可投入使用，可用于低速电动汽车、大规模储能等场景。

锂空气电池由于其超高的能量密度，在未来被认为在航空航天（háng tiān）、军事和移动电子领域有着广泛的应用。

未来十年氢（qīng）燃料电池成本有望快速下降。在新能源汽车领域，氢燃料电池汽车提升能效（néng xiào）会比纯电动和混合动力汽车快得多，潜力（qián lì）巨大。氢能也是集中可再生能源大规模长期储存的最佳形式。

核燃料（hé rán liào）电池具有能量充足、寿命极长、不受外界环境影响等优点，是航天飞行的最佳能源，但由于安全性和成本问题，在民用领域推广难度极大。

生词

1　日益（rì yì）

[副词]　表示程度一天比一天加深。（increasingly）
我们的生活水平日益提高。

2　机遇（jī yù）

[名词]　境遇；时机；机会（多指有利的）。（favourable opportunity）
难得的机遇。

3　领域（lǐng yù）

[名词]　具体指一种特定的范围或区域。（territory；domain；field；sphere；domain；realm）

在自然科学领域内，数学是最重要的基础。

4　彻底（chè dǐ）

[形容词]　通透到底。形容深透、完全而无所遗留。（thorough；complete）

我把房间彻底打扫了一遍。

5　支撑（zhī chēng）

[动词]　抵住；支持，维持。（sustain；support）

为了支撑自己的论点，他引用了很多数据。

6　携（xié）

[动词]　带，提着，拿着。（carry）

这款音箱便于携带，使用方便。

7　航天（háng tiān）

[名词]　指人造卫星、宇宙飞船等在地球附近空间或太阳系空间飞行。（spaceflight）

我国的航天技术已经达到了世界先进水平。

8　潜力（qián lì）

[名词]　潜在的能力和力量。（potential）

你在学习上还有很大的潜力。

专业词汇

1　锂

一种软的银白色的一价碱金属族元素，元素符号Li。

2　离子

原子或原子团失去或得到电子后叫作离子。失去电子的带正电荷，叫正离子（或阳离子）；得到电子的带负电荷，叫负离子（或阴离子）。

3　钠

一种银白色的软的、蜡状而有延展性的金属元素，元素符号Na。

4 **氢**

一价非金属元素，元素符号 H。

5 **能量密度**

单位体积内包含的能量，用来衡量电池最合适，比较单位体积的电池所储存的电量。

6 **燃料电池**

利用燃料和氧化剂发生反应而直接产生电流的一种电源。

7 **能效**

在能源利用中，发挥作用的与实际消耗的能源量之比。

句 子

1 受限于锂资源分布不均，仅靠锂离子电池储能技术无法彻底改变传统能源结构，难以支撑电动汽车和电网储能两大产业的发展，因此研究以非锂金属或其他原料为材料的新型电池也成为各国竞争的焦点。

2 在新能源汽车领域，氢燃料电池汽车的能效肯定远高于纯电动和混合动力汽车，潜力巨大。

学一学

学习课文中的表达范例

语法项目	重点词语或结构	例句
条件句	随着……，……	随着时间的推移，我越来越习惯这里的生活了
介词"于"	动词+于+时间/地点 于+时间/地点+动词（短语）	鲁迅生于1881年
		您的来信已于昨日收到
带程度补语的比较句	A+动词+宾语+动词+得+ 比+B+程度补语	我说汉语说得比他好

练 习

一、用课文中出现的词语填空。

1.近年来，随着人们对可再生能源使用的巨大需求和对环境污染的＿＿＿＿＿关注，储能技术在新一轮能源改革中迎来了新的发展＿＿＿＿＿。

2.在新能源汽车领域，氢燃料电池汽车的能效提升会纯电动和混合动力汽车＿＿＿＿＿，＿＿＿＿＿巨大。

二、根据拼音写出汉字。

rì yì	jī yù	lǐng yù	chè dǐ
zhī chēng	xié	háng tiān	qián lì

三、补充句子。

1.作为世界市场上占比最多的电池，锂离子电池＿＿＿＿＿。

2.受限于＿＿＿＿＿，仅靠锂离子电池储能技术＿＿＿＿＿，难以＿＿＿＿＿的发展，因此研究以非锂金属或其他原料为材料的新型电池也成为各国竞争的焦点。

3.核燃料电池具有＿＿＿＿＿等优点，是航天飞行的最佳能源。但由于安全性和成本问题，在民用领域推广难度极大。

四、回答问题。

1.新型电池主要有哪些种类？

2.列举核燃料电池的优缺点。

知识补给站

1991年，第一款商业液态锂离子电池面世后，液态锂离子电池进入快速发展阶段。出于对更高能量密度和更高安全性的追求，各国都在加紧对新型电池技术的研发以期占领技术高地。动力电池作为锂电池最大的应用场景，2020年，中国车用动力电池出货量为80吉瓦时，同比增长12.7%，占中国锂电池市场56%的份额，远超其他应用终端。

拓展阅读

· 阅读 1

电池简史

1799年，意大利物理学家亚历山大·沃尔塔发明了第一个电池，他用锌片、铜片和浸透盐水的纸片制成电池，以证明电可以被人为制造。

法国物理学家加斯顿·普朗特于1850年发明了铅酸电池，它不仅能降低成本，还能提供12伏的电压。这种电池广泛应用于汽车电池、早期电动车等，到2014年全球售出约4470万块铅酸电池。

1899年，瑞典人沃尔德马·詹格纳发明了镍镉电池。不过这种电池也有一个很大的缺点，因为电池的化学特性，如果电池还没用完就充电，那么下一次充电量就会减少，所以才会被淘汰。

大约1950年，加拿大工程师路易斯·尤里发明了一种现在很常见的碱性电池，即日常生活中使用的一次性电池。这种电池全球销量超过一百亿颗。

1989年，第一个商业化的镍氢电池问世，经过20多年的研发，由德国戴姆勒－奔驰公司和大众公司赞助。与镍镉电池相比，镍氢电池具有更高的能量密度和更低的污染。

1991年，索尼公司首次推出商用锂离子电池，因其能量密度高，能适应不同的使用环境，目前已得到广泛应用。

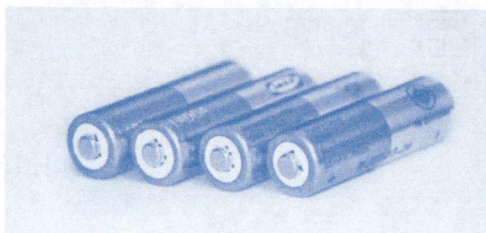
电池

经过近200年的发展，电池的性能得到了极大的提高。

· 阅读 2

核燃料电池

当放射性物质衰变(shuāi biàn)时，能够释放出带电粒子，如果正确利用的话，能够产生电流。

一般核电池在外形上与普通干电池相似，呈圆柱形。在圆柱的中心密封有放射性同位素源，其外面是热离子转换器或热电耦式的换能器。换能器的外层为防辐射的屏蔽(píng bì)层，最外面一层是金属筒外壳。

在医学上，一种体积小、重量轻的长寿命的核电池已经广泛应用于心脏起搏器，全世界已经有成千上万的心脏病患(huàn)者植入了核电池驱动的心脏起搏器，挽救了他们的生命，使他们能够重新享受人生的幸福。心脏起搏器的电源体积非常小，比

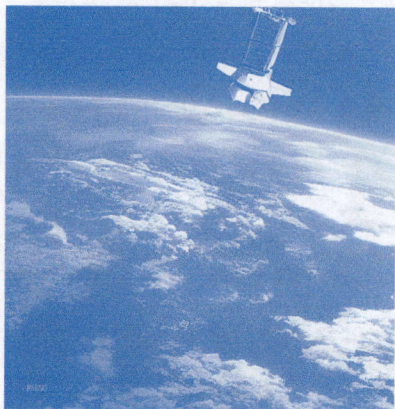
卫星核动力电池

1节2号电池还小，质量仅一百多克，可保证心脏起搏器在体内连续工作10年以上。

在太空中遨游（áo yóu）的卫星对电源的要求特别严格，既要重量轻、体积小，能经受强烈的振动，而且还要求使用寿命长。随"嫦娥（cháng é）三号"登月的我国首辆月球车，也装载了核动力电池。

· 阅读 3

嫦娥

2004年，经过十年酝酿（yùn niàng），中国终于正式开展月球探测工程，并命名为"嫦娥工程"。"嫦娥奔月"是中国广泛流传的神话故事，表达了从古至今人们对月球的好奇与向往，而月球探测仪的成功发射，正式迈出了中国对月球探索的第一步。

嫦娥，是中国神话中的月宫仙子。神话中，嫦娥因服用西王母处所求得的不死药而奔月成仙，居住在月亮上面的广寒宫之中。

嫦娥形象出现在神话、传说、诗歌、小说、戏曲、舞蹈（wǔ dǎo）、雕塑（diāo sù）、影视等多种艺术形式中，自古一直是文人墨客吟咏称颂（yín yǒngchēngsòng）、表达生命追求与传递情感的主题之一。嫦娥这个名字有时也被用来作为月亮的代称。

卫星核动力电池

第12课 视频

第12课 听力

LESSON 13

第13课
电力发展与新能源汽车

💡 **想一想**

1. 你知道电网的作用吗？
2. 你知道什么汽车能被叫作新能源汽车吗？
3. 说一说新能源汽车的优点。

📖 **做一做**

请思考以下问题并尝试选出你认为最正确的一项。

1. 新能源车是指的采用_____作为动力来源的汽车。

A. 甲醇　　　　B. 电能　　　　C. 太阳能　　　　D. 一切新型能源

2. 纯电动汽车是指以车载电源为动力源，用_____驱动的车辆。

A. 电动机　　　B. 汽油机　　　C. 柴油机　　　D. 发电机

3. 以下不属于纯电动汽车的优点的是_____。

A. 无废气污染、噪声小　　　　B. 结构简单、维修方便

C. 续航里程长　　　　　　　　D. 能量转换率高

📖 课　文

越来越多的新能源汽车会使电网超负荷(fù hè)运转吗？

随着新能源汽车的价格逐年(zhú nián)下降，越来越多的新能源汽车将接入电网。专家们认为，世界各地的电网不仅能够满足对新能源汽车的额(é)外(wài)需求，新能源汽车的普及(pǔ jí)还可以解决目前电网面临的一些问题。

新能源汽车特有的储能(chǔ néng)功能使其能够与电网实现双向互动(hù dòng)，提高电网容量效率。通过鼓励新能源车主在用电低谷时段充电，用电高峰

新能源汽车充电

时段对电网反向放电，可以构建动态有效的"新能源汽车＋电网"能
源体系，起到削峰填谷的调峰作用。

　　这听起来很复杂，但其实并非如此。数字智能充电系统意味着无
需驾驶员采取任何行动即可完成所有工作，就像给传统的燃油汽车加
油一样简单。

　　虽然路上更多的新能源汽车需要更多的电力，但它们也能为电网
的发展做出贡献。双向车网交互技术意味着新能源汽车将变得更具
可持续性，因为它们可以成为电网的储能系统，有助于提升电网的
稳定性。

生　词

1　负荷（fù hè）

[动词]　动力设备、机械设备以及生理组织等在单位时间内所担负的工作量。
也指建筑构件承受的重量。（load）
这台机器已经超负荷运转很长时间了。

2　逐年（zhú nián）

[副词]　一年年；一年接一年（year after year; year by year）
人们使用智能手机的平均时长逐年上升。

3　额外（é wài）

[形容词]　超出定额或范围。（extra; additional）
我们要尽量减少额外开支。

4　普及（pǔ jí）

[动词]　遍布，遍及于一般。（popularize; widespread）
5G网络的广泛普及使得远程工作变得轻而易举。

5 互动（hù dòng）

[名词] 两者之间的交互作用。（interaction）

发展地方经济需要发挥区位优势，实现产业之间的互动。

6 构建（gòu jiàn）

[动词] 建立（多用于抽象事物）。（build；establish）

我们要构建和谐的校园氛围。

7 贡献（gòng xiàn）

[名词] 有助某事的行为。（contribute）

一个人对社会，要先做出贡献，然后才能索取。

专业词汇

1 储能

通过介质或设备把能量存储起来，在需要时再释放的过程。

2 削峰填谷

调整用电负荷的一种措施。根据不同用户的用电规律，合理地、有计划地安排和组织各类用户的用电时间。

3 调峰

电能不能大量储存，电能的发出和使用是同步的，所以需要多少电量，发电部门就必须同步发出多少电量。电力系统中的用电负荷是经常发生变化的，为了维持用功功率平衡，保持系统频率稳定，需要发电部门相应改变发电机的功率以适应用电负荷的变化，这就叫作调峰。

4 双向车网交互技术

一个纯电动汽车与电网双向互动的技术应用，当电动车的电池需要充电时，电池可以从电网获取电能，同样当纯电动汽车没有运行的时候，可以将电池的能量传送到电网。

句 子

1 专家们认为，世界各地的电网不仅能够满足对新能源汽车的额外需求，新能源汽车的普及还可以解决目前电网面临的一些问题。

2 通过鼓励新能源车主在用电低谷时段充电，用电高峰时段对电网反向放电，可以动态有效的构建"新能源汽车＋电网"能源体系，起到削峰填谷的调峰作用。

学一学

学习课文中的表达范例

语法项目	重点词语或结构	例句
使役句	……使……	他的举动使我吃惊
语气副词"其实"	……＋动词（短语）/小句	其实，我也不知道
转折复句	虽然……，但是……	汉语虽然很难，但是很有意思

练 习

一、用课文中出现的词语填空。

1.越来越多的新能源汽车会使电网超_____运转吗？

2.随着新能源汽车的价格_____下降，越来越多的汽车将接入电网。

3.虽然路上更多的新能源汽车需要更多的电力，但它们也能为电网的发展做出_____。

二、根据拼音写出汉字。

fù hè   zhú nián   é wài   pǔ jí

hù dòng   gòu jiàn   gòng xiàn

三、补充句子。

1.新能源汽车_____使_____，提高电网容量效率。

2.通过鼓励新能源车主在用电低谷时段充电，用电高峰时段对电网反向放电，可以_____起到_____作用。

3.双向车网交互技术意味着_____，因为它们可以成为_____，有助_____。

四、回答问题。

1.越来越多的新能源汽车会使电网超负荷运转吗？

2.电网的"削峰填谷"是什么意思？

📰 拓展学习

知识补给站

  据预计，2030年全球1.3亿辆电动汽车中，约有90%会在夜间停放。电动汽车可以在此期间充当储能电池，存储在非高峰期产生的多余能量，并可在需求激增时将其回充电网。电动汽车拥有者能够通过这项技术延长电动汽车的电池寿命，并得到将其车辆作为分布式储能电池的费用。电网运营商也能及时处理发电量的意外下降，并减少峰值需求，使电力系统的运行更趋稳定。

拓展阅读

· 阅读 1

新能源汽车的发展史

从 1834 年第一辆电动汽车诞生，到 2011 年新能源汽车在国际各大车展中唱起
主角（zhǔ jué），新能源汽车已经走过了将近 180 年的历程。经过近两个世纪的曲折发展，新
能源汽车无论在种类、技术、市场占有率上都得到空前的突破。

1834 年第一辆蓄电池（xù diàn chí）汽车问世，这是世界上最早的电动汽车。到了 20 世纪初，
美国汽车市场上电动汽车、内燃机汽车和蒸汽机汽车各占三分之一的份额。1910
年，随着内燃机汽车开始采用大规模流水线生产，成本大幅降低，而电动汽车由于
续航（xù háng）里程短、充电站等基础设施不完善，使得电动汽车一度退出市场。

汽车

进入 20 世纪 60 年代，由于大量汽车对城市空气的严重污染，人们重新对电动
汽车加以重视。20 世纪 70 年代初，汽油价格一路飙升（biāo shēng），导致了第二轮电动汽车研
发高潮的到来。

随着人们对可持续发展认识的提高，越来越多的知名公司投入到混合动力和纯
电动汽车的研发上面。现在世界上主要汽车市场国家纷纷将纯电动汽车列为未来发
展的主导方向。

中国的新能源汽车

什么是碳达峰和碳中和？通俗来讲，碳达峰指二氧化碳排放量在某一年达到了最大值，之后进入下降阶段；碳中和则指一段时间内，特定组织或整个社会活动产生的二氧化碳，通过植树造林、海洋吸收、工程封存等自然、人为手段被吸收和抵消掉，实现人类活动二氧化碳相对"零排放"。

中国于2020年提出"碳达峰、碳中和"目标，交通领域电气化是实现双碳目标的重要路径。

近年来，国内新能源汽车发展浪潮强劲，随着新能源汽车的普及以及国家和各省份对新能源汽车的政策激励，促进了新能源汽车的发展，中国新能源汽车的渗透率，即汽车增量中新能源汽车的比例也由2015年的1.4%提升至2021年8月的17.8%。

能源汽车

2022年4月，中国比亚迪汽车宣布，根据其战略发展需要，自2022年3月起停止燃油汽车的整车生产。未来，比亚迪在汽车板块将专注于纯电动和插电式混合动力汽车业务。2022年4月份，比亚迪以近10.6万辆的销量再次创下月度销量新纪录，拿下全球新能源车销量冠军。

黄河

黄河，是位于中国北方地区的大河，属世界长河之一，中国第二长河。黄河全长约5464千米，其流域面积超过75万平方千米。流域冬长夏短，冬夏温差悬殊（xuán shū），季节气温变化分明。

黄河

黄河发源于青藏高原巴颜喀（kā）拉山北麓（lù）的约古宗列盆地，自西向东分别流经青海、四川、甘肃、宁夏、内蒙古、山西、陕（shǎn）西、河南及山东9个省（自治区），最后流入渤（bó）海。流域降水量少，以旱地农业为主，冬干春旱，降水集中在夏秋七八月份。

黄河中上游以山地为主，中下游以平原、丘陵（líng）为主。由于河流中段流经中国黄土高原地区，因此夹带了大量的泥沙，所以它也被称为世界上含沙量最多的河流。但是在中国历史上，黄河下游的改道给人类文明带来了巨大的影响。

黄河是中华文明最主要的发源地，中国人称其为"母亲河"。每年都会携带十六亿吨泥沙，其中有十二亿吨流入大海，剩下四亿吨长年留在黄河下游，形成冲积平原，有利于种植。

低碳发展是黄河流域生态保护和高质量发展的重要内容。黄河流域上中下游不仅自然生态环境、经济社会发展差距大，尤其是上中游地区生态环境极其脆弱。黄河流域的生态环境状况极有可能影响到京津冀（jīng jīn jì）、长江经济带和环渤海（bó）地区的生态环境变化。

第13课　视频

第13课　听力

LESSON 14

第 14 课
电力系统中的通信

想一想

1. 什么是电力系统通信？

2. 按通信区域范围不同，电力专用通信可分为哪几类？

3. 你知道电力系统安全稳定运行的三大支柱是什么吗？

做一做

选择对应的图片。

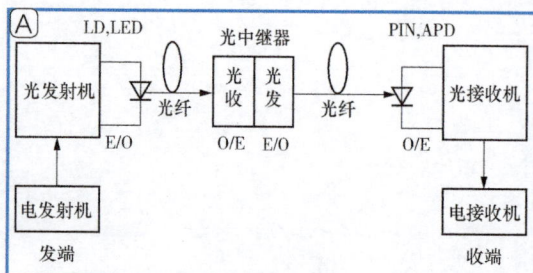

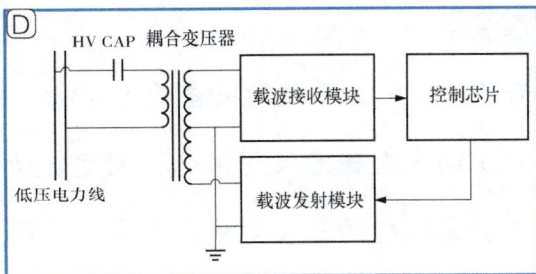

HV CAP 耦合变压器

低压电力线

载波接收模块 → 控制芯片

载波发射模块

①电力线载波通信＿＿＿＿＿＿＿　②光纤通信＿＿＿＿＿＿＿

③移动通信＿＿＿＿＿＿＿　④卫星通信＿＿＿＿＿＿＿

📖 **课 文**

　　通信是为了传递和交换信息。生活中，我们经常用到电话、电脑、传真等通信设备传送和接收声音、数字和图片等信息。电力系统内也需要进行信息传递与交换，这要通过电力系统通信来实现。

　　电力系统通信是现代电力系统的重要组成部分。电力系统通信是利用有线电、无线电、光或其他电磁系统，对电力系统运行、经营和管理等活动中需要的各种符号、信号、文字、图像、声音或任何性质的信息进行传输与交换，满足电力系统要求的专业通信。按通信区域范围不同，电力专用通信可分为"系统通信"和"厂站通信"两大类。系统通信也称站间通信，主要是实现发电厂、变电站、调度中心、公司本部等单位相互之间的通信连接，满足生产和管理等方面的通信要求。厂站通信又叫站内通信，其范围为发电厂或变电站内，与系统通信建有互联接口，满足厂站内部生产活动的各种通信需要。

为了保证电力系统的安全稳定运行，电力通信网应运而生。它同电力系统的安全稳定控制系统、调度自动化系统被人们合称为电力系统安全稳定运行的三大支柱。电力通信网更是电网调度自动化、管理现代化的基础，是确保电网安全、稳定、经济运行的重要手段。由于电力通信网对通信的可靠性、保护控制信息传送的快速性和准确性具有极其严格的要求，因此世界上绝大多数国家的电力公司都以自建为主的方式建立了电力系统专用通信网。

电力通信抽象图

生 词

1 现代（xiàn dài）

[名词] 现在这个时代的。（modern times；the contemporary age）
她喜欢现代音乐。

2　组成（zǔ chéng）

[动词]　组合而成。(form；compose；constitute；make up)

他们这个学习小组由五个人组成。

[名词]　各部分在整体中的比重。(composition)

我们来研究一下水的组成。

3　部分（bù fen）

[名词]　整体中的局部或一些个体。(part；section；portion)

这次考试分笔试和口试两部分。

4　符号（fú hào）

[名词]　显示出特别意义，以供辨识的记号。(symbol；sign；mark)

国际音标是一种标音符号。

5　传输（chuán shū）

[动词]　传导输送。(transmission)

母体通过脐带向胎儿传输营养。

6　满足（mǎn zú）

[动词]　感到已经足够了。(satisfied；content)

我们不能满足已经取得的成绩，还要继续努力。

[动词]　使满足。(satisfy；meet with；answer)

发展生产就是为了满足人民生活的需要。

7　范围（fàn wéi）

[名词]　周围界限。(scope；Range；limits)

这篇作文不限定写作范围。

8　运行（yùn xíng）

[动词]　周而复始地运转。(move；be in motion)

我们来看一下人造卫星的运行轨道。

9　应运而生（yìng yùn ér shēng）

[动词词组　成语]　应：顺应；运：原指天命，泛指时机。本指顺应天命而降生，现指人或事物适应时机、潮流而出现。也作"应运而起"。(emerge as the times require；arise at the historic moment)

随着互联网技术的发展，电子商务应运而生。

10 支柱（zhī zhù）

[名词] 起支撑作用的柱子，比喻中坚力量。（pillar；prop；mainstay）
目标和信念是人的精神支柱。

11 确保（què bǎo）

[动词] 确实地保持或保证。（ensure）
政府应确保食品安全。

12 可靠（kě kào）

[动词] 真实可信的。（true）
这条消息的来源相当可靠。

13 极其（jí qí）

[副词] 十分、非常。（very；exceedingly；extremely；highly；to the highest degree）
三月里的樱花极其美丽。

14 严格（yán gé）

[形容词] 对遵守制度或掌握标准等认真、毫不放松。（strict；rigorous；stringent）
他对子女要求很严格。

15 绝大多数（jué dà duō shù）

[名词词组] 近于全数的。（absolute majority；overwhelming majority）
我国与世界上绝大多数国家都建交了。

16 专用（zhuān yòng）

[形容词] 专供某些人或某种需求而使用。（for a special purpose）
这是我们宿舍的专用电话。

专业词汇

1 有线电通信

利用导线传输信息的通信方式叫有线电通信。与无线电通信相比，有线电通信的优点是：保密性能好，通信质量稳定，不受干扰等。但它也有明显的不足，如造价高，维修工作量大，易受自然损害及炮火袭击等。

2　无线电通信

利用无线电波传输信息的通信方式即称为无线电通信。与有线电通信相比，它不需要架设传输线路，通信距离远，机动性好，建立迅速；但传输质量不稳定，信号易受干扰或易被截获，保密性差。

3　电磁系统

变化的电流都产生磁场，带有信号的电流、电波都会产生电磁。现代社会，每个人都生活在电磁中。电磁系统一般指使用大的电磁交变来实现某种功能的系统。

句　子

1　电力系统通信是现代电力系统的重要组成部分。

2　电力系统通信是利用有线电、无线电、光或其他电磁系统，对电力系统运行、经营和管理等活动中需要的各种符号、信号、文字、图像、声音或任何性质的信息进行传输与交换，满足电力系统要求的专业通信。

3　电力系统通信网是确保电网安全、稳定、经济运行的重要手段。

学一学

学习课文中的表达范例

语法项目	重点词语或结构	例句
引出凭借、依据	按、按照	按通信区域范围不同，电力专用通信可分为"系统通信"和"厂站通信"两大类
		房租按天或者按月计算
		他们按照地图找到了全部东西，顺利完成了任务

语法项目	重点词语或结构	例句
人称代词	其	厂站通信又叫站内通信，其范围为发电厂或变电站内，与系统通信建有互联接口，满足厂站内部生产活动的各种通信需要
		球队从其所在城市挑选球员
		珠宝一直以来是高贵的象征，其隐含着博大精深的珠宝文化
连接词	同、而、与	电力通信网同电力系统的安全稳定控制系统、调度自动化系统被人们合称为电力系统安全稳定运行的三大支柱
		她善良而乐观
		我与他都是新员工

练习

一、用课文中出现的词语填空。

1.电力系统通信是_____电力系统的重要_____ _____。

2._____保证电力系统的安全稳定_____，电力通信网_____。

3.由于电力通信网对通信的_____性、保护控制信息传送的快速性和准确性具有极其_____的要求，因此世界上_____国家的电力公司都以自建为主的方式建立了电力系统专用通信网。

二、根据拼音写出汉字。

bù fen   fú hào   mǎn zú   fàn wéi

yìng yùn ér shēng   jué dà duō shù   zhuān yòng

三、补充句子。

1. 电力系统通信是利用有线电、无线电、光或其他电磁系统，对电力系统运行、经营和管理等活动中需要的各种符号、信号、文字、图像、声音或任何性质的信息_____，_____。

2. _____，电力专用通信可分为"系统通信"和"厂站通信"两大类。

3. 电力系统通信网更是电网调度自动化、_____的基础，是_____的重要手段。

四、回答问题。

1. "系统通信"和"厂站通信"分别的通信区域范围是什么？

2. 电力通信网对通信有哪些要求？

📖 拓展学习

知识补给站

5G与大数据、人工智能等新一代信息通信技术的深度结合将从更深层次改变电网的形态甚至是生产服务的理念，促进电网从生产端到用户端单向流动的传统电网，向电力企业与用户双向互动的能源互联网加速升级。

拓展阅读

·阅读 1

5G 技术在中国南北方电力系统通信中的部分应用

中国 5G 技术与电力系统通信结合得越来越紧密。安徽和临空经济区的电力建设给人留下了深刻印象。

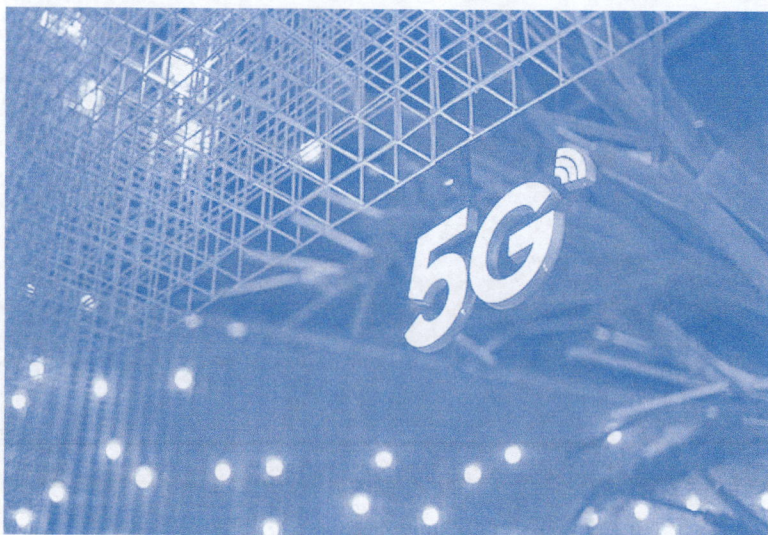

5G 标志

在南方，中国国内首座"量子+5G" 10 千伏智慧开关站——安徽芜湖古城的同丰里开关站，于 2022 年 4 月完成建设并投入初步运行。同丰里开关站加装了新型量子云通信装置，采用量子云数据中心安全加密方式，将量子云密钥的生成、分发和通信协商机制与 5G 通信技术结合，在配电自动化主站与开关站之间构筑了一条大容量、高速率、低延时的量子加密安全隧道，实现了数据传输的防窃听、防篡改和防攻击。相比于采用传统光纤通信技术的配电自动化设备，采用"量子+5G"通信技术的配电自动化设备建设费用下降了 33%，运维费用下降了 90%。

在北方，北京大兴机场临空经济区整个区域对供电可靠性有着较高的要求，而且电力业务运行贯穿输变电、配电、用电多个环节，运行复杂，电力设备数量，点多面广，分散性强。同时，该区域内未来会有更多的绿色清洁能源投入使用，导致地区电网的稳定运行和控制变得更加复杂，电力业务迫切需要更加先进的无线通信技术来解决新型电力系统终端设备以及"最后一公里"的接入问题。为解决上述问题，2022年初，大兴国际机场临空经济区5G应用示范项目建设顺利完。该项目依托临空区多站合一的特色业务，打造（dǎ zào）出"智能监控""智慧路灯"以及"5G物联网采集"等应用场景，实现园区内人员及车辆的监控以及冷、热、电、温度的实时（shí shí）智能监测与调控，利用5G网络开放且高效灵活的运营管理能力，实现业务可视、可管、可控。

目前，中国在不断探索和实现5G技术与电力业务的深度融合（shēn dù róng hé），提升电力通信网络传输能力，稳步推动能源互联网发展及电网数字化转型（zhuǎnxíng）。

· 阅读 2

"电力系统通信"遇上"北斗"

北斗卫星系统是中国自主研制建设、独立运行的成熟的卫星导航定位和通信系统。当"电力系统通信"遇上"北斗"，会有哪些福音（fú yīn）呢？

大兴安岭地区人迹罕至（rén jì hǎn zhì），深入林区经常没有运营商信号。再加上极寒情况下，给线路巡视人员带来了很大的安全隐患。电力北斗系统短报文通信功能和通话功能，可以在无公网地区短报文传输和语音通话。这样，巡线人员在野外遇到危险，可以及时与公司取得联系，公司根据定位（dìng wèi）的坐标（zuò biāo）可以快速准确地进行及时救援（jiù yuán）。

呼伦贝尔市作为中国国家电网蒙东电力供电区域内电力北斗基准站布点最多的城市，绝大多数基准站建于高寒地区。依托电力北斗精准服务体系，无人机可以达到厘米级的定位精度，实现全自主化线路巡检。高精准度定位也为杆塔和线路的精细化巡检提供了有力支撑。电力北斗精准服务体系，使电网人经历了一场由过去穿山越岭（chuānshān yuè lǐng）的"泥腿子"成为终端室里"千里眼"的历史性科技革命。

高寒地区的电力系统通信

另外，近年来，自然灾害发生较频繁，易引发电网主干通信网络失去功效，影响了电力通信业务。通过在输电杆塔关键位置安装北斗监测点设备、监测点附近建设基准站的方式，可以对特高压线路、重要输电通道及特殊地质条件的输电线路杆塔塔基的滑移(huá yí)情况进行监测，实现厘米级，甚至毫米级精度的塔基相对偏移(piān yí)量监测，有效提高输电线路灾害预警(yù jǐng)能力，保障数字电网输电环节安全可靠运行。

· 阅读3

文房四宝

中国国内首座"量子+5G"10千伏开关站落户于安徽。提起安徽，大家就会想到"文房四宝"。文房四宝是中国独有的书法绘画工具，即笔、墨、纸、砚。它们是中国古代文人书房中必备的四件宝贝。作为文房四宝的故乡的安徽宣城，

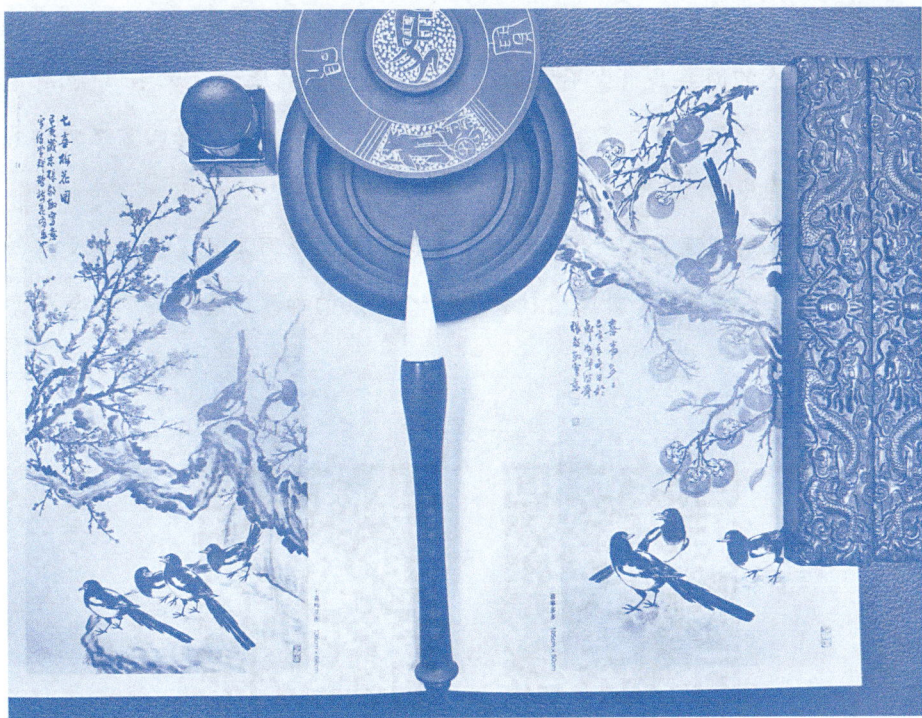

文房四宝

是我国文房四宝最正宗的原产地和饮誉世界的"中国文房四宝之乡"。安徽所产的宣纸（安徽泾县）、宣笔（安徽泾县／旌德）、徽墨（安徽绩溪／旌德）、宣砚（安徽旌德）举世闻名，为历代文人墨客所追捧。

中国的毛笔是举世无双的书写工具。古埃及的芦管笔、欧洲的羽毛笔早已退出历史的舞台，而毛笔从漫长的历史岁月中走来，至今兴盛不衰，足见其强大的生命力。墨是用于书画的黑色材料。墨一般被看作文才的象征，胸中有墨便是有文才。纸是中国古代四大发明之一。西汉时期发明了造纸术，东汉时期蔡伦对造纸术的改进，为我国造纸业的发展，开拓了广阔的前景。砚，是磨墨不可缺少的工具，一般是用石块或是耐磨材料制作的。砚虽在笔墨纸砚中排在最后一位，但却被古人誉为"文房四宝之首"，深受古代文人的喜爱与推崇。

按照中国民间风俗，婴儿满周岁，父母即陈列多种物品，看其抓取何物，以试其志趣、智愚等，名曰"抓周"。男孩列文武之物，女孩则列针红厨具等。其文具自然少不了笔墨纸砚。朝廷赐予文房四宝，是一项郑重庄严的仪式，体现出极高的恩宠。人与人之间，互赠文房四宝为人们之间最亲密的表现之一。许多稍有身份的古人的随葬品中少不了文房四宝。至今有的地方，嫁妆中也有笔墨等书写工具，以祝愿生子有文思、文才。这一切，都能体现文房四宝在我们民族生活中的地位是其他民族所不能比拟的。

尽管现代文明创造了无数令人眼花缭乱的精美的书写工具，传统的文房四宝仍有自己不可替代的地位，并随着社会现代化程度的加深，愈加显示出令人神往的魅力。

第14课　视频

第14课　听力

LESSON 15

第15课
生活中的电能计量

💡 **想一想**

1. 1 千瓦时电可以做什么？

2. 你知道哪些耗电量大的用电器？

3. 在你的国家如何计算电费？

📖 **做一做**

选择对应的图片。

①导线_____　②有序_____　③贸易_____
④电能表_____　⑤测量_____　⑥结算_____

📖 课　文

电能，我们既熟悉又陌生。它不仅是一种能源，而且是一种商品。在生活中如何确定使用了多少电能，需要交纳多少电费呢？这就要了解电能计量（jì liàng）。

电能计量是对电能的准确测量（cè liáng）活动，通过电能计量装置来实现，计量方式包括高供高计、高供低计、低供低计。在电力系统中，发电、变电、输电、配电、用电等各环节的贸易结算（mào yì jié suàn）都要用到电能计量装置。

单相电能表，就是一种最简单的电能计量装置。它计量的用电量是居民缴纳（jiǎo nà）电费的依据（yī jù）。用电量更大的工厂、商场这些高电压、大电流系统的电能计量装置就更复杂一些，除了电能表和配套（pèi tào）使用的电流

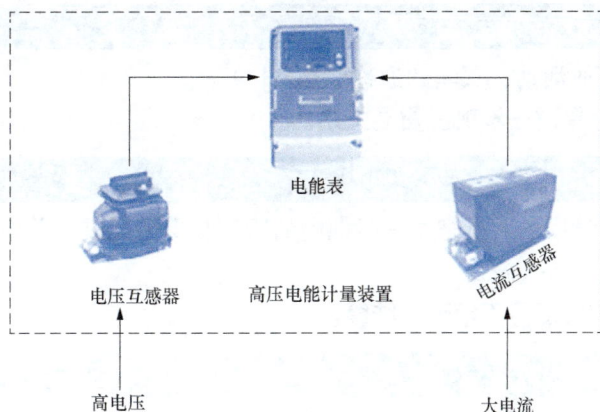

电能表

电压互感器　　高压电能计量装置　　电流互感器

高电压　　　　　　　　　　　　　　大电流

高压电能计量装置

互感器外，还需要使用电压互感器等配套设备，并用导线把它们有序地连接起来。为了方便，也可以选择包含了计量电能所必需的计量器具和辅助设备的计量箱。

在生活中合理配置电能表计量装置，即电能计量装置的选配非常重要，否则就无法准确测量用电量。

生 词

1　计量（jì liàng）

[动词]　计算或估计数量。（measure and calculate；estimate）
这个设备可以非常准确地计量电量。

2　测量（cè liáng）

[动词]　经过观测或实验测定距离、温度、速度等的数值。（measure）
这个天平可以测量小件物品的质量。

3 贸易（mào yì）

[名词] 商业活动，买卖的通称。（trade）
我们的目标是进一步巩固贸易关系。

4 结算（jié suàn）

[动词] 会计用语。指把某一时期内的所有收支情况进行总结、核算。（close an account; ettle accounts）
对方建议这次贸易不用现金结算。

5 缴纳（jiǎo nà）

[动词] 交必须交的（费用）。（pay）
缴纳所得税，是每个人应该做的。

6 依据（yī jù）

[名词] 作为论断前提或言行基础的事物；基础。（foundation; basis）
这一主张的依据是什么？
[动词] 以某种事物为根据；按照（listen to; comply with）
现在我们就依据时间来制定后面的计划。

7 配套（pèi tào）

[动词] 把一系列相关的事物配搭成一整套。（form a complete set）
他们需要的是和这些计划配套的资金。

8 有序（yǒu xù）

[形容词] 有条理或秩序的。（ordered）
虽然是上班时间，但这里的车辆都在有序地行驶。

9 选择（xuǎn zé）

[动词] 挑选。（select）
谢谢你为我挑选的衣服。

10 器具（qì jù）

[名词] 用具；工具。（utensil; appliance）
有些器具是石头制作的。

1 电费

用电费用。就是一个企业、单位、个人在一定时间内所耗费的电能电量所产生的费用。

2 单相电能表

用来测定普通民用家庭电路中的用电量的设备。

3 互感器

又称为仪用变压器，是电流互感器和电压互感器的统称。能将高电压变成低电压、大电流变成小电流，用于量测或保护系统。

4 导线

是用作电线、电缆的材料，工业上也指电线。一般由铜或铝制成，也有用银线所制（导电、热性好），用来疏导电流或者是导热。

5 计量箱

是为了计量电能所必需的计量器具和辅助设备的总体，包括电能表、计量用电压、电流互感器及其二次回路、电能计量屏、柜、箱等。

句 子

1
在生活中如何确定使用了多少电能，需要交纳多少电费呢？

2
电能计量是对电能的准确测量活动，通过电能计量装置来实现。

3
在生活中合理电能表计量装置，即电能计量装置的选配非常重要，否则就无法准确测量用电量。

学一学

学习课文中的表达范例

语法项目	重点词语或结构	例句
代词"各"	各+量词/名词	在电力系统中，发电、变电、输电、配电、用电等各环节的贸易结算都要用到电能计量装置
		产品销售网点遍布全国各地及世界各国
		请各位乘客拿出车票，以便列车长验票
连词	并	还需要使用电压互感器等配套设备，并用导线把它们有序地连接起来
		他同意并支持我们的计划
假设复句	……，否则……	电能计量装置的选配非常重要，否则就无法准确测量用电量
		出门前跟妈妈说一声，否则她会担心的
		请提前预约，否则可能找不到总经理

练 习

一、用课文中出现的词语填空。

1.电能，我们既_____又_____。它不仅是一种_____，而且是一种_____。

2.在电力系统中，_____、_____、_____、_____、_____等环节的_____都要用到电能计量装置。

3.为了_____也可以_____包含了计量电能所必需的计量_____和辅助_____的_____。

二、根据拼音写出汉字。

mào yì   pèi tào   yī jù

jiǎo nà   qì jù   jì liàng

三、补充句子。

1.单相电能表，就是一种最简单的_____。它计量的用电量是_____。

2.除了电能表和配套使用的电流互感器外，还需要_____，并用导线_____。

3.用电量更大的_____的电能计量装置就更复杂一些。

四、回答问题。

1.什么是电能计量？

2.居民用电和商场用电的计量装置有哪些不同？为什么不同？

拓展学习

中国电费价格

    在中国1千瓦时电的价格并不是统一的，要区分居民用电、工业用电、商业用电及租房用电。中国城市居民用电价格一般是在0.56～0.62元/千瓦时，工业用电价格就稍微贵一些，一般工业用电价格为0.86～1.80元/千瓦时。

·阅读 1

一度电

度，是电能单位，一度电＝1000瓦·时，也就是说一度电可以让功率为1000瓦 gōng lǜ 的电器工作1小时。一度电可以做什么呢？一度电这么少，能做的事应该不多吧！其实一度电还真不少，我们一起来看一下，一度电能完成多少事情吧。

节约一度电

一度电对于学生来说，能够让学生在充满灯光的房间里学习上满满一天；一度电对于家庭来说，一度电可以让一台66瓦的冰箱运转15个小时，新鲜的食材、冰 yùn zhuǎn 镇的水果、清凉的冷饮都能轻松享受；对于年轻人来说，一度电可以给手机充电 xiǎngshòu 100多次，随心所欲看小说、玩游戏、刷视频；一度电可以做的事情还有很多，比 suí xīn suǒ yù shuā shì pín 如烧开8千克的水、开1.5小时的空调、浇0.14亩小麦、生产15瓶啤酒、骑着电动自行车跑80千米……

发一度电要消耗多少能源呢？火力发电需要大约400克的煤或59克天然气、水 xiāo hào 力发电需要大约4升水、200瓦太阳能板需要被太阳照射5小时、1000瓦风力发电机，要在额定转速下不停转动1小时。但火力发一度电，会产生碳粉尘272克、二氧化 é dìng 硫30克、氮氧化物15克等。目前中国主要通过燃煤发电，省电就是环保。 dàn yǎng

日常生活中，节能环保不能少。怎样做才能省下一度电呢？其实很简单，比如：随手关灯、多使用节能灯、控制开冰箱的次数、开空调时关闭门窗、使用好的电线等，这些都可以帮我们在日常生活中，轻松省电。

· 阅读 2

中国居民交电费方式的变化史

电能，不仅是一种能源，而且是一种商品。收缴（shōu jiǎo）电费就是商品交易，缴费方式就是销售（xiāo shòu）服务的一种。随着中国电力行业的前行发展，中国居民交电费方式也经历了时代的变迁。

1950年至1970年，居民用电不像现在这么普及（pǔ jí），也没有很多的用电器，灯泡几乎是家里唯一的用电器。于是，灯泡就成为电能计量的依据（yī jù），也是最早的交费方式，叫"灯泡制"，实际方法就是数灯泡，比如每月每只15瓦的灯泡电费0.15元，25瓦的0.25元，40瓦的0.4元。在电网形成之前，电费会直接交给发电企业，企业也会安排专门的工作人员统一（tǒng yī）收取电费。后来，很多地方就有了"电费公布栏"，家里每月用了多少电，过去看看就知道。

在20世纪80年代，交电费有两宝，抄表员和用电能表。抄表员就是供电企业每个月专门上门记录用电量并收取电费的人，各家各户的用电信息都记录在小小的电表里。这种传统（chuán tǒng）"走收"的方式，在许多偏远（piān yuǎn）地区沿用（yán yòng）至今。90年代随着"一户一表"的普及，独立电能表开始成为每个家庭的标准配置（biāo zhǔn pèi zhì），大家也不再因为电费分摊（fēn tān）不均而烦恼。

到了21世纪初，交电费不烦恼：方式多、自由高。在带有"国家电网"标志（biāo zhì）性绿色的供电营业厅、在超市和临街商铺的代收网店都可以非常方便快捷（kuài jié）地交费。还可以用银行柜台、银行代扣、充值卡等多种多样的方式。

最近的十年，交电费不用跑，科技让生活更美好。科技发展带来的变化让人目不暇接（bù xiá jiē）：24小时自助交费机，让交电费突破（tū pò）了时间的限制；网络支付的普及，让交电费打破了地域（dì yù）的限制。随着"网上国网"App的流行，今天，我们已经能够随时随地享受到"智慧用电"带来的便捷。

从"光明"到"智慧",这就是交电费方式的变化史,是中国电力产业的 壮 阔^{zhuàng kuò}
发展历程,也是"智慧电网"的"智慧服务"。

网上国网

智慧用电

· 阅读3

中国"智能电网"的"智慧方案"

中国电力工业具有140年的历史,发展至今有三个电网公司:国家电网有限公司、南方电网有限公司、内蒙古电力(集团)有限责任公司。其中最大的是国家电网有限公司,公司经营 区域覆盖^{qū yù fù gài}中国26个省(自治区、直辖市^{zhí xiá}),供电范围占国土面积的88%,供电服务人口超过11亿人,是全球最大的公用事业企业;以投资、建设、运营电网为核心业务,承担着保障安全、经济、清洁、可持续电力供应的责任。

中国人口多,面积广,想要家家户户都能用上电,就要进行长时间、大电量、远距离输电,如何保证稳定、安全、持续供电是一个世界性难题,于是特高压技术应运而生^{yìng yùn ér shēng}。中国电网依靠着特高压技术,打造了特高压电网,通过1000千伏输电网为骨干网架,以超高压输电网和高压输电网以及特高压直流等,构成分层、分区、结构清晰^{qīng xī}的现代化大电网。

自2009年起,国家电网分别在国际电工委员会(IEC)立项国际标准53项、在

国家电网公司标志

电气与电子工程师学会（IEEE）立项国际标准25项，其中42项已正式发布。在2013年，中国建立了系统的特高压和智能电网技术标准体系。

现在除了国内，国家电网已成功投资运营巴西、菲律宾、葡萄牙、澳大利亚、意大利、希腊、阿曼、智利和中国香港等九个国家和地区的主要能源网。用中国的先进电力技术为全世界人民保障用电供应和用电安全，用中国"智能电网"，为世界电力工业发展提供"智慧技术""智慧设备"和"智慧方案"。为促进政策沟通、设施联通、贸易畅通、资金融通、民心相通贡献"智慧力量"。

高压输电

第15课　视频

第15课　听力

APPENDIX 1

附录 1
生词表

APPENDIX 2

附录 2
专业词汇表